_____의 입학을 환영합니다.

이곳은 당신이 과거에 알던 대학교가 아닙니다.

이곳은

서울(Seoul)대학교 속에 잠들어 있던

소울(S oul)대학교입니다!

서울대학교 곳곳에 던진

단 하나의 질문
:
:
:

"당신의 마지막 강의를 들려주세요."

소울대학교

# 소울대학교

초판 1쇄 찍은 날 2018년 8월 24일
초판 1쇄 펴낸 날 2018년 8월 31일

지은이 김대환

펴낸이 백종민
주 간 정인회
편 집 최새미나·박보영·김지현·이혜진·정헌경
외서기획 강형은
디자인 김미정·임진형·김대환
마케팅 김정미·박진용
관 리 장희정·임수정

펴낸곳 주식회사 꿈결
등 록 2016년 1월 21일(제2016-000015호)
주 소 서울시 영등포구 당산로 50길 3 꿈을담는빌딩 6층
대표전화 1544-6533
팩 스 02) 749-4151
홈페이지 dreamybook.co.kr
이메일 ggumgyeol@naver.com
블로그 blog.naver.com/ggumgyeol
트위터 twitter.com/ggumgyeol
페이스북 facebook.com/ggumgyeol
에듀카페 cafe.naver.com/ggumgyeoledu

ISBN 979-11-88260-52-2  03190

이 도서의 국립중앙도서관 출판예정도서목록(CIP)은 서지정보유통지원시스템 홈페이지(http://seoji.nl.go.kr)와
국가자료공동목록시스템(http://www.nl.go.kr/kolisnet)에서 이용하실 수 있습니다.(CIP제어번호: CIP2018024884)

이 책은 저작권법에 따라 보호받는 저작물이므로,
저작자와 출판사 양측의 허락 없이는 일부 혹은 전체를 인용하거나 옮겨 실을 수 없습니다.

책값은 뒤표지에 있습니다.
주식회사 꿈결은 (주)꿈을담는틀의 자매회사입니다.

SEOUL NATIONAL UNIVERSITY

## 서울대 교수들의 영혼을 울리는 인생 강연

# 소울대학교

건축학과 김광현 교수

조소과 이용덕 교수

수의과 우희종 교수

수리과학부 김홍종 교수

동양화과 김성희 교수

경영학과 김상훈 교수

식물생산과학부 정철영 교수

종교학과 배철현 교수

체육교육과 강준호 교수

언론정보학과 강명구 교수

서양사학과 주경철 교수

디자인과 박영목 교수

재료공학부 강태진 교수

그리고 김대환 지음

## 소울대학교에 들어서며

어느 날 서울대학교 곳곳에 한 통의 편지가 도착했다.

편지 앞면에는 서울대학교 휘장이 찍혀 있었다. 그런데 자세히 들여다보니 '진리는 나의 빛'이라는 뜻의 라틴어 글귀 중 MEA나의가 TUA당신의로 바뀌어 있었다. '진리는 당신의 빛'이라는 문장으로 고쳐진 것이다.

그리고 편지 뒷면에는 한 문장만이 적혀 있었다.

온 마음으로 당신의 '마지막 강의'를 듣고 싶습니다!

이 편지는 재학 중인 한 학생이 보낸 것이었는데, 사연은 이러했다. 학생은 오래전부터 앞으로의 삶에 정말 필요한 강의를 듣고 싶었다고 한다. 그러나 학생에게 주어진 시간은 4년뿐이었고, 그 시간 동안 학생이 강의를 통해 얻는 것은 분명히 한계가 있었다. 그래서 학생은 학교 곳곳에 편지를 보내며 소울대학교 프로젝트'Seoul 속에 잠들어 있는 진정한 Soul을 발굴해 보자'는 의미의 프로젝트를 시작했다.

학생은 단과대학들의 경계를 넘나들며 영혼을 울리는 가르침들을 꾸준히 기록해 나갔다. 편지에 쓴 단 하나의 질문, '온 마음으로 당신의 마지막 강의를 듣고 싶습니다!'와 함께.

학생은 삶에 정말 필요한 강의를 듣고 싶다는 단순한 염원으로 소울대학교 프로젝트를 시작했지만, 프로젝트를 수행하면서 처음에 생각했던 것보다 더 큰 가르침을 얻었다. 학생 주변의 수많은 다른 학생들이 이 프로젝트를 통해 새로운 영감을 얻으며 세상을 열어 나가기도 했다. 그때 학생은 알게 되었다.

'소울대학교는 나만의 대학교가 아니었구나!'

학생은 많은 사람들을 위해 소울대학교의 영혼을 세상에서 가장 작은 크기로 압축하기로 마음먹었고, 그렇게 이 책은 세상의 빛을 보게 되었다.

학생은 마지막으로 염원한다.

'소울대학교, 그 중심에 당신이 서 있을 수만 있다면!'

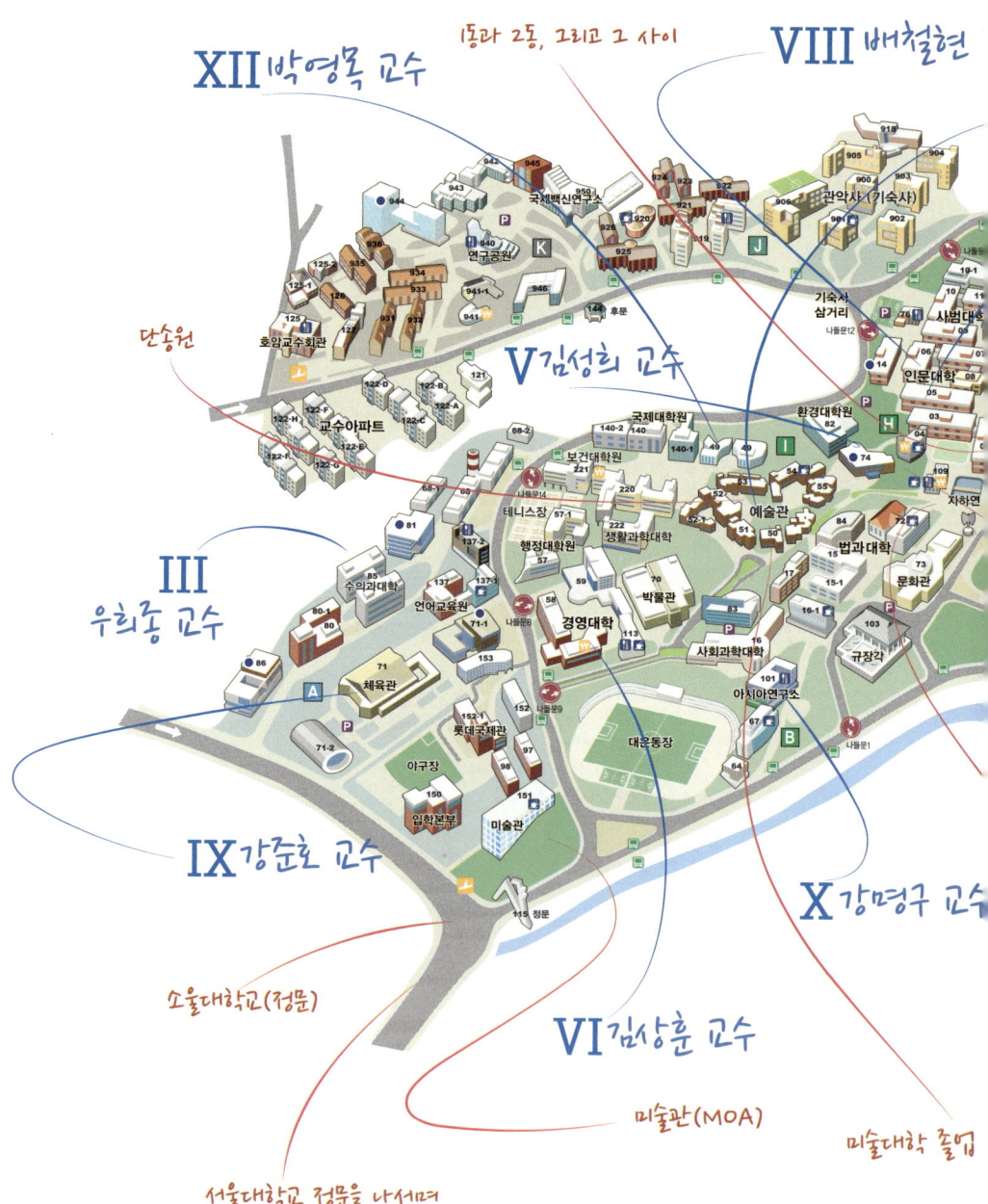

# 차례

소울대학교에 들어서며 · 4

Ⅰ 세상의 모든 '사이'를 이야기로 채워 가는 건축가 · 12
공과대학 건축학과 김광현 명예교수

☐ S oul Spot - 소울대학교 · 36

Ⅱ 흙수저, 금보다 귀한 가능성을 담다 · 40
미술대학 조소과 이용덕 교수

☐ S oul Spot - 1동과 2동, 그리고 그 사이 · 62

Ⅲ 함께하는 더 큰 삶 · 64
수의과대학 수의과 우희종 교수

☐ S oul Spot - 자하연 · 82

## IV 인생이라는 이름의 무대 · 86
자연과학대학 수리과학부 김홍종 교수

☐ S oul Spot – 단송원 · 104

## V 비전으로 세상을 열어 가는 그대들에게 · 112
미술대학 동양화과 김성희 교수

☐ S oul Spot – 세상의 평균을 내는 법 · 134

## VI Big Picture, 문제를 직시할 때 비로소 보이는 것들 · 138
경영대학 경영학과 김상훈 교수

☐ S oul Spot – 미술관 · 158

# VII 세상을 이해하는 첫걸음은 나를 이해하는 것 · 162
농업생명과학대학 식물생산과학부 정철영 교수

□ S oul Spot - 민주화의 길 · 179

# VIII 혼자 있다 보면 만나게 되는 것 · 182
인문대학 종교학과 배철현 교수

□ S oul Spot - 두 개의 도서관, 그리고 또 하나 · 200

# IX 몸과 마음이 동시에 꾸는 꿈 · 204
사범대학 체육교육과 강준호 교수

□ S oul Spot - 고양이 마을 · 218

X   '깡 to 용기', 현장에서 만나게 되는 것들 · *222*
　　사회과학대학 언론정보학과 강명구 교수

　　□ S oul Spot – 특별한 불빛 · *242*

XI   다시, 대항해시대 · *248*
　　인문대학 서양사학과 주경철 교수

　　□ S oul Spot – 미술대학 졸업 전시 · *266*

XII   미쳐야 미치지 · *270*
　　미술대학 디자인과 박영목 교수

　　□ S oul Spot – 서울대학교 정문을 나서며 · *287*

XIII   〈진짜 마지막 이야기〉 인공지성시대, 고등교육의 길 · *290*
　　공과대학 재료공학부 강태진 명예교수

## 세상의 모든 '사이'를
## 이야기로 채워 가는 건축가

공과대학 건축학과
**김광현 명예교수**

김광현 교수는 서울대학교 건축학과를 졸업하고 동 대학원에서 석사 학위를 받았으며, 도쿄 대학교 대학원에서 공학 박사 학위를 받았다. 현재는 서울대학교 공과대학 건축학과 명예교수이다. 대통령 소속 국가건축정책위원회 위원, 대한건축학회 부회장, 한국건축학교육협의회 회장 및 명예회장 등을 역임하였고, 현재 공동건축학교 교장, 한국건축가협회 건축교육원 원장, 대한건축사협회 명예이사, 대한건축사협회 명예회원, 한국건축가협회 명예건축가를 맡고 있다. 지은 책으로는《건축 이전의 건축, 공동성》(2014),《건축강의 1~10》(2018),《건축이 우리에게 가르쳐주는 것들》(2018) 등이 있다.

 ## 연구실에 들어서며

　사람들은 새롭게 반짝 떠오르는 것에 열광한다. 새로운 상품, 새로운 스타, 새로운 유행……. 물론 그중 대부분은 쉽게 버려지고 빨리 사라져서 또 다른 '새것'들에 자리를 내주게 되는데, 어쩌면 이런 과정이야말로 모든 '뜨는 것'들의 정해진 운명일지도 모른다.

　하지만 시간이 흐를수록 오히려 더욱 빛나는 것도 있다. 어린 시절부터 나와 함께 나이 들어 간 집이나 각자의 영혼에 각인된 예술 작품들도 그중 하나일 것이다. 시간의 중력을 거스르는 것들은 새로운 그 무엇과도 바꿀 수 없을 만큼 소중하다. 이런 것들을 만나거나 소유하기란 그리 쉬운 일이 아니다.

　김광현 교수님이 들려주신 보석 같은 이야기들 역시 그 '소중한 것들'에 속한다. 그러니 감히 청하건대 지금 가장 가까운 창가에서 이 이야기를 들어 주시길…….

## 창가에 가만히 서 보는 것

안녕하세요, 교수님. 저를 포함해 힘든 이 시대를 살아가는 수많은 젊은이들에게 교수님께서 꼭 해 주고 싶은 말씀이 있다면 무엇일지 듣고 싶어 찾아뵈었습니다.

요즘은 위로하고 위로받는 일이 참 자연스러운 것 같아. 힐링이란 단어도 일상 언어처럼 쓰이고 있지. 물론 그만큼 살기 팍팍한 시대라는 반증이겠지만, 무조건 위로받거나 위로해 주려고 애쓰는 것만이 해답은 아니라고 생각해. 위로받은 후에도 삶은 여전히 현실이고, 날이 밝으면 계속해서 또 다른 하루가 시작되기 때문이지. 그러니 씩씩하게 알아서 살아갈 수 있게끔 실질적인 용기를 줘야 하지 않을까? 아니면 기성세대가 젊은이들을 위해 그동안 본인들이 누려 왔던 구태의연한 제도를 바꾸려고 노력하든지. 구체적이고 실질적인 노력 없이 그저 말로만 하는 위로라면 난 반대야. 그건 의미 없는 힐링이거든. 요즘은 어디에나 힐링이란 단어가 들어가지 않나? 마치 끼워 파는 상품처럼 말이야. 사실 매순간 힐링이 필요할 만큼 젊은이들의 의지나 회복력이 약한 건 아닐 텐데.

그럼 '의미 있는 힐링'은 어떤 것인지요?

힐링이란 말 속에는 언제나 '스스로'라는 조건이 숨어 있어. 또 '충분히 아파했던 시간'과 '자신의 상처와 마주하는 시간'까지 포함되어 있지.

아픔은 사람을 겸손하게 만들어. 그래서 아픔을 겪은 사람은 평소보다 더 낮은 마음으로 자기 자신을 응시하게 돼. 그럼 생각이란 것도 좀 달라지겠지? 그 모든 시간과 사유가 어우러지는 동안 상처는 서서히 아물어 가는 거야. 하지만 단지 상처가 아무는 것만이 힐링은 아니야. 무언가 보이지 않는 변화도 있을 테니까. 이를테면 내성이나 면역 같은 것 말이야. 그만큼 성장한다는 뜻이기도 하지. 결국 요약해서 말하자면 내가 생각하는 힐링이란 '나와 마주하는 아픔의 시간'이야.

사실 치유하는 것을 떠나 마음을 차분한 상태로 가라앉히는 명상 행위는 다들 오래전부터 쭉 해 오지 않았나? 힐링이란 무슨 특별한 과정이라기보다는 우리 삶과 늘 붙어 있는 거야. 가령 해 질 무렵 창가에 잠시 혼자 서 있는 것만으로도 우리 삶 속에서 받았던 상처들이 많이 치유되지. 마지막으로 창가에 가만히 서 본 게 언제였지? 사실 우리 삶에서 창가라는 상징적 공간 자체가 사라져 버린 것 같기도 해. 하지만 창가에 서 보면 자신이 어떤 존재인지, 어떻게 살아왔는지, 바깥의 경치가 얼마나 아름다운지 알게 돼. 그 시간이야말로 진정한 힐링이지. 누군가의 백 마디보다 훨씬 더 나를 위로해 주거든. 결국 자신이 스스로 이겨 나가는 거야. 창가에서의 시간이란 스스로 이겨 나가는 힘을 충전하는 시간인 셈이지.

## 주어진 삶을 얼마나 진정성 있게 살고 있는가

 최근에 저는 캠퍼스 안팎을 다니면서 많은 사람들에게 '서울대학교를 어떤 곳이라고 생각하나요?'라는 질문을 해 보았습니다. 편의점 아르바이트생부터 택시 기사, 식당 아주머니까지 골고루 물어봤어요. 그런데 신기하게도 거의 모든 사람들이 '공부 잘하는 곳'이라고 대답했습니다. 솔직히 실망했습니다. 좀 더 의미 있는 대답을 기대했거든요. 물론 서울대 학생들이 공부를 많이 하고 열심히 한 건 사실이에요. 하지만 인생에서 공부보다 훨씬 소중한 가치가 있지 않을까요? 서울대학교가 재학생뿐만 아니라 다른 많은 사람들에게 그 소중한 가치를 찾도록 도와주었으면 좋겠다는 생각을 했습니다.

 내가 아버지처럼 모시는 은사님이 계셔. 곧 80세가 되시는데 예전에 은퇴하실 무렵에 찾아뵌 적이 있지. 그때 은사님이 그러시더군. '아, 정말 자유롭다!'고 말이야. 그 말을 듣는 순간 문득 내가 어떻게 살고 있는지 알게 됐어. 꽤 답답하고 팍팍한 삶을 살고 있더란 말이지. 그때부터 '자유롭게 사는 것'이 어떤 것인지 곰곰이 생각해 보게 됐어. 말로는 늘 자유를 이야기하지만 살면서 진정한 자유인을 본 적은 한 번도 없지 않나?

 그렇다면 지금 교수님께서 가장 소중하게 여기는 가치는 '자유'인가요?

 지금은 그런 셈이군. 사실 인생에서 진정으로 소중한 것은 얼마 없는 것 같아. 그리고 그것을 찾는 방법이나 과정도 그리 많지 않아. 요즘 제자들 결혼식에 주례를 설 때마다 소중한 것에 시간을 잘 써야 한다는 말을 자주 해. 인생이라는 시간이 결코 길지 않기 때문에 헛살아서는 안 되는 거야. 정말 나에게 필요하고 중요한 것들을 위해서 살기에도 시간은 턱없이 부족하거든.

이렇게 교수님들을 찾아뵙고 많은 질문을 드리는 것도 사실은 '가장 소중한 것'을 찾는 과정이라고 생각합니다. 솔직히 처음 입학했을 때만 해도 전공과목에서 우수한 성적을 거둔다거나 원하는 분야에서 '최고의 인재'가 되는 것이 가장 소중한 가치라고 생각했습니다. 하지만 졸업을 앞둔 지금 시점에서는 생각이 좀 달라졌습니다. 좀 더 복잡해졌다고나 할까요?

최고라는 것이 단순히 성적이 좋다거나 우수하게 졸업했다는 의미는 아니겠지. '최고'라는 단어에도 아주 다양한 의미와 가능성이 있거든.

교수님께서는 어떤 사람이 최고의 인재라고 생각하시는지요?

내 기준에는 '남을 위해 산다는 의식'이 강할수록 최고의 인재라고 생각해. 특히 남들보다 더 많이 배우고 가진 사람일수록 더 남을 위해 살아야겠지. 많은 청춘들이 그런 덕목을 가지고 살았으면 해.

한번은 주변 사람들한테 "서울대 학생들과 다른 학교 학생들의 차이점은 무엇이라고 생각하나요?"라고 물어본 적이 있어. 그랬더니 대뜸 "서울대 학생들은 이기적인 편이죠"라는 대답이 돌아오더군. 물론 밖에서 보면 서울대 학생들이 자기 공부만 하고 입신양명을 위해 이기적으로 사는 것처럼 보일 수도 있을 거야. 내 아내부터가 그래. 뉴스에서 수갑 차고 검찰에 출두하는 하이칼라 범죄자들을 볼 때마다 "저런 거 다 공부 잘해서 저렇게 되었다"라며 혀를 끌끌 찬단 말이야. 그런데 나는 똑똑해서 이기적인 거라고 생각하지 않아. 얼마나 진정성 있게 사는지에서 차이가 오는 거지. '진정'이라는 말은 인간이 지닌 본래의 참된 마음을 뜻하잖아. 거기엔 너와 나의 구분이나 경쟁 따위 없어. 나를 위하듯이 남을 위하고, 나만큼 남을 애틋하게 여기는 마음이 있을 뿐이지. 그래서 우리가 늘 염두에 두어야 할 것은 '매 순간 얼마나 진정성 있게 살아가고 있는가?' 하는 점이야. 물론 내 한 몸 챙기기에도 버거운 세상이지만 그래도 진정성 있게 살도록 노력해야만 해. 가만, 이거 너무 뻔한 소리인가?

## 좋은 건축이란?

지금 서울대학교의 건축물들에 대해 어떤 생각을 갖고 계신가요?

에이, 아쉬운 것투성이지 뭐. 사실 그런 질문을 한두 번 받아본 게 아니야. 비단 서울대학교뿐만 아니라 앞으로 시간이 흐르고 세월에 쓸려 퇴색되어도 고색창연한 아름다움을 가질 건물이 몇이나 될까?

솔직히 요즘 건물들을 보고 있으면 '저건 좀 아니지 않나?', '저건 너무 희한하지 않나?' 하는 생각이 들곤 해. 지금 보기에 얼마나 멋있느냐가 아니라 세월이 흘러도 역사가 머물 수 있는 건물을 지어야 한다고 생각하거든. 그런데 요즘 건물들은 그렇지 않아 보여.

우리 학교 안에서 제일 좋은 건물은 원래 있던 도서관 하고 그 앞에 있는 본부라고 생각해. 물론 건물 자체만 놓고 보면 도서관이랑 본부가 지어진 후에 더 깨끗하고 규모가 큰 건물들이 많이 생겼지. 그런데 오히려 그 규모나 디자인, 상징들이 주변과 조화를 이루지 못하는 경우가 있어. 편리해진 만큼 답답해졌다고 할까? '오래된 길과 나무들도 함께 살려 나갔어야 했는데' 하는 안타까움이 드는 거지. 그래서 좋은 건물들이 어떻게 해서든 꾸준히 남아 줬으면 해. 훗날 누군가 리모델링한답시고 망쳐 놓지 않았으면 좋겠어.

최고의 건축은 공간과 잘 어우러질 때 탄생한다고 생각하는데, 저희가 만나 볼 수 있는 고색창연하고 멋진 건축물이 또 있을까요?

은근히 사찰 이야기를 유도하는군. 누가 나한테 어떤 집을 좋아하냐고 묻는다면 '봉정사 영산암'을 좋아한다고 답할 거야. 예전에 〈달마가 동쪽으로 간 까닭은?〉이라는 영화에도 나왔지.

딱 한국 사람에게 맞게 지어진 집이야.

좋은 건축이 들어서려면 요구 조건이 많아야 해. 새로운 것이 들어서기 위해서는 그만큼 생각할 것도 많다는 이야기지. 때로 기부를 통해 지어진 건물에 들어가서 생활할 때 문제가 생기는 경우가 있어. '내 정신'이라는 제일 중요한 개념이 빠진 채 만들어졌기 때문이지. 비유하자면 깊은 애정을 가지고 만든 자기 옷이 아닌 거야. 아무리 유명한 건축가가 설계하고 지어줘도 '내 정신'이 빠져 있다면 마찬가지야. 물론 구경은 많이 올 수도 있겠지만.

## 집은 누구의 것인가

건축에 대한 교수님의 생각을 좀 더 듣고 싶습니다. 건축 혹은 집은 무엇이라고 생각하시는지요?

보통은 집이나 건축이 건축가의 것이라고 생각하지. 하지만 나는 되묻곤 해. 집이 왜 건축가의 것이냐고 말이야. 집은 건축가의 전유물이 아니야. 자꾸만 건축가 스스로 하나의 건축을 두고 '내가 만든 작품', '나의 정신이 투영된 산물'이라고 하지만, 사실 건축가는 예술가와 달리 혼자 만드는 게 거의 없어. 그래서 나는 건축이란 일종의 '합의'라고 생각해. 가령 건축물이 지어질 땅이 건축가의 것일까? 사실 건축주의 땅이지. 그 땅에 어떤 집을 짓고 싶다고 처음 생각하고 마음먹은 사람도 건축주야.

그곳에서 살아갈 사람도 건축주겠지. 도서관이나 공원 같은 공공시설물도 마찬가지야. 그러니까 건축가에게는 건축물이 오직 자신의 작품이라고 이야기하지 않는 태도가 중요한 것 같아.

건축가가 그려 내는 도면은 화가가 누구와도 합의하지 않고 그리는 그림과는 분명히 달라. 도면은 결국 커뮤니케이션이야. 공간 개념이 있고, 법적인 조건이 있고, 구조적인 내구성이 있어. 게다가 이러한 여러 조건 속에서 자연과도 관계를 맺지. 빗방울을 예로 들어 볼게. 물은 위에서 아래로 흐르는 본질을 갖고 있어. 이 본질이 화가의 눈에서는 땅에서 하늘로 올라갈 수 있고, 수평으로 이동하는 것처럼 변할 수도 있어. 하지만 건축가는 이 상황을 정확히 관찰하고 이해하고 합의해 나가야 하는 사람이야. 그래서 지붕은 물을 막아 흘려보내기 위해 만들어져야 하지. 이 부분에서 나는 예술가와 건축가의 존재 이유가 다르다고 생각해. 물이든, 나무든, 자연환경이든 시각, 촉각, 청각, 미각, 후각을 모두 열어 두고 세상 모든 것과 대화하며 협상해 나가는 사람이 건축가인 거야.

## 건축, 사이와 사이에 관한 진실한 이야기

교수님께서는 건축과 함께하는 세상을 살아오시면서 어떤 부분이 가장 행복하셨나요?

글쎄, 누군가 건축을 하면서 뭐가 좋았냐고 묻는다면 나는 이렇게 대답할 거야. "다른 전공이 아니라 건축을 택하길 정말 잘했다"라고 말이야.

작년에 차세대 연구 프로젝트 때문에 기계항공공학과 교수님들과 회의할 기회가 있었어. 나로서는 다른 분야의 전공자들과 이야기를 많이 나눌 기회가 생긴 거지. 그때 내가 느낀 점을 한마디로 하면, '와, 기계항공공학과에 안 가길 정말 잘했다'였어. 하하, 기계항공공학과 교수님들께는 죄송하지만. 내가 왜 그렇게 생각했냐면 그분들의 회의 내용이나 질문들이 우리 건축학과 교수님들과는 참 달랐기 때문이야. 사용하는 말과 말 사이가 굉장히 정확하고 예리하다는 느낌을 받았거든. 내가 미처 생각하지 못한 것까지도 아주 꼼꼼히 파악하고 계셨지. 정말 정신이 번쩍 나더라고. 물론 어느 전공이 좋고 싫고의 문제가 아니야. 다만 사물을 대하는 방식이 너무나 달랐다는 이야기를 해 주고 싶어.

건축은 정확해 보일 수도 있겠지만 결국 그 속에서의 '모호함'을 이야기한단다. 사실 무언가를 만드는 게 건축이긴 하지만 제품을 만드는 건 아니야. 제품은 분명한 목적이 있고, 그 목적을 위해 만드는 거잖아. 그런데 건축은 단지 목적만을 위한 게 아니야. 목적 외에 많은 것들이 함께하지. 예를 들어 우리가 지금 함께 있는 이 방의 목적이 뭐라고 생각해? 한번 주위를 둘러봐. 앉아서 이야기를 나눌 수 있고, 공부를 할 수 있고, 음악을 들을 수도 있지? 그런데 이런 상황을 기계와 같은 공산품에 적용하면 '노이즈noise'가 많은 거라고 할 수 있어. 기계를 만들긴 했는데 생산 목적과는 다르게 무언가 잘 돌아가지 않고 녹도 슬고 그런 거지. 반면에 건축은 원래 노이즈가 많아. 예상하지 못한 부산물투성이일 수도 있는 분야지. 건축이 너무 완벽해서 제품처럼 쓰인다면 그것도 재미없을걸? 그래서 우리는 무언가를 만들지만 제품을 만드는 것과는 다른 일을 한다는 거야.

　하나의 집을 만들기 위해 열 사람이 모였다고 생각해 보자. 그럼 그 열 사람은 모두 다른 의견을 내놓을 거야. 목적이 하나고 방법도 한 가지라면 하나의 답만 나와야 할 텐데 어째서 열 개의 의견이 나올까? 재미있지 않니? 그렇다면 이번엔 불교 사찰에 있는 대청마루를 생각해 봐. 그 대청마루에서 스님은 무슨 일을 할까? 쉰다, 꾸벅꾸벅 존다, 때로 상좌스님에게 훈시를 듣는다, 다른 스님과 함께 수박을 먹는다, 차를 마신다……, 이렇게 많은 이야기들을 어떻게 가짓수로 헤아릴 수 있겠니? 건축은 수많은 이야기를 모두 완벽하게 만족시킬 수는 없지만 수용할 수는 있는 모호한 상태에 있어. 즉, 건축에는 늘 '사이'라는 것이 무수히 존재한다는 뜻이지. 그 '사이'가 느슨하니까 모호하고, 모호하니까 이해할 구멍이 많이 생기고, 그렇기에 이 사람 저 사람이 와서 할 일이 많이 생기는 거란다. 그래서 때론 시끄럽고 결정도 안 되는 일투성이지만, 반대로 모호하니까 재미있고, 사람들의 생각이 그 틈새로 모여서 추억이 되기도 해. 나는 이것이 건축을 공부하며 느꼈던 가장 중요한 가치라고 생각한단다.

나 역시 건축을 공부하면서 많이 변한 것 같아. 과거에 내 성격은 지금 같지 않았어. 지금도 조금 못됐지만, 하하. 그래도 건축을 통해 많이 바뀌었다고 생각해. 예를 들어 지금 우리 앞에 놓인 작은 탁자를 생각해 봐. 탁자가 있으니 의자 두 개가 필요해졌고, 의자 두 개가 있으니 곁에 있는 애인과 손도 부딪치며 이야기를 하게 되잖아. 이번엔 우리가 앉아 있는 의자 옆 기둥을 한번 보렴. 우리 사이를 조금 가리긴 하지만 대신 기댈 수 있게 해 주니까 괜찮다고 생각하게 돼. 이렇게 수많은 관계와 그 속의 이야기를 두루두루 이해하며 조화롭게 풀어 나가는 것이 건축이야. 그래서 무언가를 합리적으로 생각하는 것보다 '좋게' 만들기 위해, '좋은 관계'를 풀어 나가기 위해 늘 고민하는 사람이 바로 건축가란다. 물론 구멍은 여전히 많고 그래서 여전히 모호해. 하지만 그렇기 때문에 그 틈으로 애정이 많이 들어가게 되고, 나는 이런 모호함, 틈, 그 사이의 애정과 같은 가치들이 건축에서 정말 중요하다고 생각해.

또 예를 들어 볼게. 자동차를 사고 10년쯤 타다가 팔게 됐어. 그 순간 눈물이 날까? 중고차 딜러와 가격 흥정을 벌이는데 동시에 '내 자동차야 잘 가라' 하면서 펑펑 눈물이 날까? 오히려 '어휴, 잘 팔았다'고 하지 않을까? 이번엔 네가 어릴 적에 살던

집을 생각해 보자. 아늑한 방과 어머니가 따뜻한 식사를 준비하고 계시던 장면이 떠오르니? 때로는 그 공간에서 어머니에게 혼이 나기도 했을 테고, 친구들이 놀러 오기도 했을 테지. 이렇게 '집'을 돌아보면 감정을 가지고 기억하게 돼. 그리고 그리워하게 돼. 집이란 그런 거란다. 단순히 목적만 가진 물건이 아니야. 그 모호함으로 가득한 틈새에 소중한 것들을 끼워 넣고, 그 속에서 창작하고 창조해 나가는 것이 가능한 공간인 거야. 그래서 나는 '그 귀중한 사이를 들여다볼 수 있는' 건축을 사랑한단다.

그런데 만약 집이라는 공간이 완벽하게 짜여 있다면? 자동차처럼 모든 것이 합리적인 이유로만 작동하고 존재한다면 어떨 것 같니? 사실 우리나라에서는 집에 대한 본질을 가르치지 않아서 안타까워. 단지 이건 아파트, 저건 초가집, 한옥, 주택, 이런 식으로 가르칠 뿐이지. 그래서 더 깊이 들어가 봐야 '창문은 뭘 끼울까요?', '벽지는 뭘 쓸까요?', '커튼은 뭘 달까요?'와 같은 질문밖에 나오지 않는 거야. 이런 물음들은 단지 개인의 취향에 관한 것일 뿐이야. 과연 이런 것들만으로 내가 살 집에 대한 깊이 있는 이해와 이야기들이 나올까? 난 어디에서도 창문을 열고 주변을 함께 바라보는 시각의 중요성은 가르치지 않는 것 같아서 정말 아쉬워.

교수님 말씀을 들으니 '건축은 사이와 사이에 관한 좋은 이야기'라는 생각이 듭니다.

건축은 사이와 사이에 관한 '진실한' 이야기라고 하는 게 더 낫겠구나. 다만 '사이'를 자신의 일상 속에서 좀 더 귀하게 느끼고 진정성을 가지고 대하는 것이 더 중요한 것 같아.

## 건축가의 시선

건축에 대해 더 이야기하자면, 건축에서는 100:1, 1,000:1 같은 비율을 자주 사용하지. 그게 스케일이라는 건데, 한마디로 줌인 줌아웃 zoom in & zoom out을 뜻해. 그러니까 건축가는 줌인 줌아웃을 잘해야 하는 사람들인 셈이야. 좀 더 쉽게 설명하면, 하늘로 올라가 구름이 되어 그 높이에서 건축물을 내려다보며 설계하고, 때로는 반대로 개미가 되어 건축물을 올려다보면서 설계하는 거야. 이렇게 위치를 바꿔 가며 자유롭게 생각하는 것이 건축가의 시선이라는 거지.

줌인 줌아웃에는 저마다의 특성이 있는데, 중요한 건 A=B이고 B=C여서 A=C라며 하나하나 따지며 생각하는 것이 아니라, A와 B와 C 사이에 있는 수많은 이야기들을 관찰하고 그 과정을 즐길 수 있어야 해. 사실 사람을 바라볼 때도 마찬가지 아닐까? 한번은 내가 강의를 하고 있을 때 한 학생의 수강 태도가 유난히 불량했어. 그때 나는 이렇게 생각했지. '다리도 쩍 벌리고, 왜

저 모양이야?' 이 상황을 건축에 빗대어 보면 500:1로 그 친구를 바라본 것과 같아. 그러다 나는 그 친구와 면담을 할 기회가 생겼어. 즉, 전보다 조금 더 가까워진 100:1의 상황으로 말이야. 그때 그 친구가 "교수님, 죄송합니다. 제가 다리를 다쳐서 부득이하게 좀 벌리고 앉아야 했거든요"라고 말하더라고. 500:1에서는 결코 알 수 없었던 새로운 상황이 펼쳐진 셈이지. 여기서 끝나는 게 아니야. 대화가 계속 이어지면서 "그럼 너 불편해서 어떡하니?"라며 묻고 답하는 동안 상황은 계속해서 50:1, 30:1로 비율이 줄고, 사람과 사람 사이의 간극도 줄어드는 거야.

사실 이건 사람뿐만 아니라 나무를 볼 때도 같아. 멀리서 바라보면 커다란 숲만 보이겠지만, 가까이 가 보면 '옳지, 여길 손대면 더 좋아지겠군'이란 생각이 들 만큼 보이는 게 많아지잖아. 줌인 줌아웃과 같은 건축가의 시선은 건축을 이해하고 사랑하는 사람들이 가져야 하는 당연하고도 중요한 덕망이야. 한편, 우리가 사는 사회에서도 이런 건축가의 시선이 존중받으면 참 좋겠다는 생각을 해.

## Sound of ME

건축가의 입장에서 요즘 힘들게 공부하는 젊은이들에게 꼭 해 주고 싶은 말씀이 있다면 듣고 싶습니다.

모든 직업과 전공이 제각각 세상을 보는 방식이 있다는 전제

하에 건축가 입장에서 이야기해 볼게. 우선 첫 번째로 공부를 할 때 고개를 많이 돌려 보라고 말해 주고 싶어. 아까 스케일에 관한 이야기를 했는데, 위아래를 100:1, 1,000:1로 보는 것도 중요하지만 옆으로 고개를 돌리면 인생은 훨씬 넓어진단다. 사실 우리는 그동안 전진하는 것만이 공부라 생각하고 그저 앞만 보며 달리는 식으로 가르쳤잖아? 물론 이런 방식이 무조건 나쁘다는 건 아니지만, 한편으로는 머리만 사용하게 되고 팔다리 등 몸을 사용하지 못하게 할 수도 있다고 봐. 모두가 고등학교 교육을 벗어날 수 없는 '입시 체제'에서는 어쩔 수 없이 그런 공부를 할 수밖에 없다고 치자. 하지만 그 상황을 벗어난 친구들은 이제 세상을 다른 시각으로 보고 지금까지 해 왔던 것과는 다른 식으로 살아 봐야 한다고 생각해. 내 제자 중에도 추가 합격하지 못했다, 취직에 실패했다면서 마치 인생이 끝나 버린 것처럼 좌절하는 친구들이 있는데, 그때마다 마음이 얼마나 답답한지 몰라. 어쩌다 길을 벗어나더라도 고개를 옆으로 돌리고 위로 돌리고 앞뒤를 돌아보면 인생의 가장 중요한 순간을 만날 수 있다는 말을 해 주고 싶어. 그렇게 때로는 예상치 못한 순간들을 만나면서 커지고 넓어지고 깊어져 가는 것이 인생인 거지.

자, 그럼 이제 두 번째로 빗물 이야기를 해 볼까? 빗물이 땅에 떨어지는 모습을 상상해 보자. 어떤 빗방울은 돌에 떨어지기도 하고 어떤 빗방울은 유리창에 부딪히기도 할 거야. 물론 돌에 떨어진 빗방울은 돌에 부딪히는 소리가 날 테고, 유리창에 부딪힌 빗방울은 유리에 부딪히는 소리가 나겠지. 똑같은 빗방울이라도 부딪힌 사물마다 소리가 모두 다르단다. 사람도 마찬가지야. 우리나라 교육은 아직도 자기 소리보다 남의 소리를 들으라고 하고 있잖아. 하지만 이제는 자신의 소리를 내려고 노력해야 해. 그래야만 자기만의 고유한 소리를 찾을 수 있을 거야. 또 주변을 둘러보면서 서로 다른 소리들을 더 많이 듣고 알아 간다면 인생은 점점 더 깊어지고 넓어질 거야.

그럼 혹시 교수님 말씀과 달리 주변을 둘러보지 않고 아무 이야기도 듣지 않은 채 건축 자체만 중시하는 경우도 있는지요? 그런 사례를 듣고 싶습니다.

얼마 전 초등학교 체육관 설계 때문에 현장을 보러 간 적이 있었어. 일을 시작하기 전에 먼저 담당 선생님, 교장, 교감, 교육청 직원에게 "체육관, 어떻게 생각하세요?"라고 물어봤지. 그런데 아무도 대답을 못 하는 거야. 관심도 없고 아는 것도 없어. 다들 그냥 회의에 나가라고 해서 왔다고 해. 아이들을 위해 학교에 체육관을 짓는 일인데 최소한의 애착도 없었던 셈이지. 학생들이 체육관에서 어떤 소리를 낼지, 그 공간에서 학생들이 어떻게 뛰어놀지에 대한 관심이 전혀 없었어.

체육관에서 학생들이 운동만 할까? 어쩌면 체육관이라는 공간은 학교에서 가장 넓은 공간이지 않겠니? 그렇다면 체육관은 허구한 날 운동만 하는 공간이 아니라 다른 이야기도 많이 나오는 공간이 될 수 있어. 강당 역할을 할 수도 있을 테고, 아이들이 뛰노는 놀이 공간이 될 수도 있겠지. 그럼 아이들이 뛰노는 공간과 강당 사이에 어떤 이야기가 있을까? 궁금해서 또 물어봤어. "아이들이 주로 어떻게 뛰어놉니까?" 이 질문에도 역시 다들 묵묵부답이었어. 오히려 왜 그런 이상한 질문만 하는지 의아해하더군.

이 문제는 교육이나 제도의 문제이기도 하지만, 사실 우리 '생각 없는 건축가들'의 이야기이기도 해. 조금만 고민해 보면 얼마나 많은 이야기를 만들어 낼 수 있겠니? 아이들이 뛰어놀 때 환기 시설은 어때야 할지, 쉬는 시간에 뛰어놀 곳이 복도밖에 없었던 아이들이 체육관에서 우당탕 뛰어다니면 얼마나 행복해할지, 그러면서 여러 아이들이 함께 어울려 놀면 얼마나 좋을지, 또 그 사이에 나무가 있으면 얼마나 좋을지……, 이런 이야기들 속에서 나오는 설계야말로 정말 멋진 설계가 아닐까? 이건 철학도 아니고 아주 당연한 상식이야. 다들 생각을 안 하는 것뿐이지. 막상 생각이란 걸 하게 되면 사이사이에 존재하는 수많은 문제들이 해결될 텐데 말이야.

 ## 연구실을 나서며

우리는 수많은 건축물 속에서 살아간다. 집, 학교, 회사, 도서관, 놀이동산, 백화점, 미용실……. 다양한 건축물마다 그 이름과 목적이 다르고, 품고 있는 이야기 역시 다르다. 앞으로도 우리는 이렇게 다양한 건축물 속에서 살아가게 될 것이다. 건축이란 의식주와 뗄 수 없는 관계이며, 과거의 퇴적과 미래의 방향성을 모두 품고 있는 큰 개념이다.

이런 생각을 하던 중에 문득 떠오른 하나의 문장.

'나라는 존재는 어떤 건축물일까?'

멋진 곳에서 현란하게 빛을 내며 남들 눈에 금방 띄는 세련된 건축물일까? 아니면 외진 곳에서 조용히 자신의 개성과 이야기들을 채워 가는 건축물일까? 솔직히 눈에 띄면 좋은 점도 있겠지만, 쉽게 눈에 띄지 않는다고 해서 슬퍼할 일도 아닌 것 같다. 그만큼 내 가슴속을 떠돌고 있는 이야기들을 준비할 시간이 많다는 뜻일 테니까.

요즘은 자꾸 새로운 것들이 생겨나는 시대이다. 물론 새 것들은 당연히 좋고, 멋지다! 그러나 결국 건축이든 사람이든 시간이 흐르고 나이가 들며 서서히 채워지고, 그 가치에 진정한 빛이 드리워지는 것 아닐까? 아마도 그때가 되면 사람들은 당신이라는 공간의 향기에 이끌려 당신에게 하나둘씩 모여들기 시작할 것이다. 누군가는 지친 몸을 끌고 와 잠시 쉬었다 갈 수도 있고, 누군가는 차 한 잔 마시며 이야기를 나눌 수도 있다.

아, 그리고 보니 사람을 건축으로 비유할 수도 있겠지만 아닐 수도 있겠다. 왜냐하면 사람에겐 두 발이라는 것이 있으니까.

온 세상의 소중한 것들을 오랫동안 계속 그리고 또 그리면서 당신의 공간 안에 가져오기 바란다. 오늘날의 사람들은 의식주만으로는 살아갈 수 없다. 그래서 이런 생각이 든다. 결국 사람이 살 수 있는 궁극의 공간 역시 사람이 아닐까…….

## 소울대학교

 몇 해 전의 일이었다. 우연한 계기로 어느 교수님의 연구에 동참하게 되었다. 당시 내가 맡은 일은 각 대학교의 교육 목표를 조사하는 것이었다. 먼저 나는 서울대학교의 교육 목표를 찾아보았다. 그리고 몇 개의 대학교들을 연이어 조사했는데, 그 교육 목표에는 모두 공통점이 있었다. 협동적 경쟁력, 발전, 혁신, 변화, 창조, 세계화, 창의 등 이 시대에 가장 중요하게 생각하는 키워드들이 들어 있다는 것이었다.

 그러던 중 나는 어느 대학교에서 제시한 짤막한 문장을 보게 되었다. 그 문장은 이전에 내가 알고 믿었던, 당연하게 생각했던 모든 것을 흔들어 놓을 만큼 큰 충격을 주었다. 그 구절은 이러했다.

"교육의 목적은 추정을 뒤흔들어 놓고, 익숙한 것들을 낯설게 만들고, 보이는 것 이면에 어떠한 것들이 존재하는지 규명하고, 젊은이들의 감각을 혼란스럽게 하며, 그들 스스로 방향 감각을 찾을 수 있도록 도와주는 것이다."

—하버드 대학교

이후 나는 의문을 가지기 시작했다. 서울대학교 정신 어딘가에 분명 발전, 혁신 등 보편적인 목표의 근원이 분명 있을 것이라 생각했다. 나는 내 발로 직접 찾아 나서서 그 정신을 만나 보고 싶었다. 그렇게 여행이 시작되었다. 처음 나의 계획은 간소했다.

1. 서울대학교Seoul National University 속에 소울대학교S oul National University가 존재한다.
2. 소울대학교에는 이 세상에 필요한 삶의 엑기스가 담겨 있을 것이다.
3. 이 시대를 통찰하여 강의를 해 주실 각 분야의 스승님들을 현장에서 직접 뵈며 가르침을 받는다.
4. 스승님과의 면담은 제일 궁금했던 물음에서 시작한다.

처음에는 마치 있을지 없을지 모르는 산타클로스를 찾아 나서듯 막막했다. 그러나 모든 여행은 마음먹은 순간부터 설렘이 시작되듯 나의 여행도 시작하기 전부터 이미 설렘으로 가득 찼다. 나는 오랜 여행이 될 수도 있겠다고 예상하며 가방에 많은 질문을 넣기 시작했다. '앞으로 세상은 어떻게 변할까요?', '요즘엔 대학을 졸업하고 뭘 하며 살아가야 하죠?', '사회에선 어떤 인재를 필요로 하나요?' 등의 질문이었다.

그런데 생각해 보니 이 질문들에는 결정적인 문제가 있었다. 급변하는 세상에서 생겨날 수 있는 수많은 물음에 대해 단편적인 답변만 얻을 수 있는 질문이었던 것이다. 삶의 엑기스가 담긴 소울대학교의 정신을 엿볼 수 있는 질문을 찾아야 했다. 이후 질문을 바꾸고 더하고 빼 보며 1년이라는 시간을 보냈다. 좀 더 나은 질문을 생각하기 위한 시간이었다. 결국 많았던 질문들은 사라지고 단 하나의 질문만 남았다.

"당신의 마지막 강의를 들려주세요."

이 질문이라면 아마 누구든 자신의 삶에서 경험했던 가장 귀한 영혼의 울림을 전해 줄 수 있을 것이라 믿었다.

나는 이 질문을 시작으로 한 걸음 한 걸음 여행을 시작했다. 희망적인 순간, 애가 탔던 순간, 슬펐던 순간 등 예상치 못한 순간들을 많이 만나기도 했다. 그러나 나는 단과대학들의 경계를 넘나들며 영혼을 울리는 가르침의 순간들을 하나하나 기록해 나갔다. 그리고 여행이 마무리될 즈음, 처음 여행할 때 비어 있던 내 여행 가방은 세상 어떤 것과도 비교할 수 없는 보물로 가득했다.

아마 당신도 이 소울대학교에서 수많은 세상의 경계선을 넘나들며 여행하게 될 것이다. 그러면서 기존에 당연하다고 믿었던 것들을 다시 보게 될 것이고, 때론 그것이 혼란스러울 수도 있을 것이다. 그러나 그 혼란은 당신이 삶에서 새로운 방향을 찾아 나설 때 도움을 줄 것이라 믿는다. 부디 즐겁고 행복한 여행이 되길 바란다.

# 흙수저, 금보다 귀한 가능성을 담다

미술대학 조소과
이용덕 교수

이용덕 교수는 서울대학교 미술대학 조소과를 졸업하고, 동 대학원에서 조소 전공 석사 학위를 받았다. 이후 베를린 예술종합대학에서 압솔벤트와 마이스터슐러를 취득했다. 역상조각(inverted sculpture)의 창시자로, 현재 서울대학교 미술대학 조소과 교수로 재직 중이다.

 ## 연구실에 들어서며

어릴 때 어머니를 따라 전시회장을 기웃거리며 수많은 작품들을 구경하곤 했다. 그런데 유독 내 뒤를 그림자처럼 따라오는 작품이 있었다. 참 낯선 느낌이었는데, 그 작품을 만든 분이 바로 이용덕 교수님이다.

조각 작품을 생각할 때 우리는 흔히 근육질의 남성이나 아름다운 여성의 나신이 멋진 포즈를 취한 채 감상자들을 내려다보는 장면을 떠올리곤 한다. 하지만 교수님의 조각상들은 그 대상이 있어야 할 곳이 비어 있다. 그러니까 '툭 튀어나와 있어야 할 부분'이 오히려 깊숙이 파여 있는 것이다. 감상자들은 그 조각상에서 움푹하게 들어간 대상을 만나게 되는 셈이다. 이것은 조각에 대한 일반 상식과는 정반대이다. 그런데 묘하게도 그 움푹한 공간에 그림자가 생겨나면서 일종의 마법이 시작된다. 즉, 보는 각도에 따라 그림자가 형태를 바꿔 가며 나를 응시하는 것 같은 착각이 들게 하는 것이다. 비어 있는 공간, 아무것도 없이 그저 그림자만 존재하는 그 텅 빈 공간의 기억은 이후로도 오랫동안 잊히지 않았다.

세월이 흘러 다시 교수님의 작품을 만났을 때 나는 또 한 번 놀랐다. 멈춰 있던, 아니 멈춰 있을 것만 같았던 작품이 계속해서 살아 움직이고 있었던 것이다. 튀어나와야 할 부분이 들어가고, 채워져야 할 부분이 비어 있는 이 역전 현상은 나에게 이전과는 다른, 전혀 새로운 시선을 요구하고 있었다.

'예술의 힘이란 이런 것이구나!'

  그때 문득 교수님을 만나서 마음을 열고 이야기를 나누고 싶다고 생각했다. 하지만 교수님과의 만남은 쉽게 이루어지지 않았다. 그 무렵 학장이라는 직책까지 맡고 있어 시간을 내기가 만만치 않으셨기 때문이다. 그래도 나는 지치지 않고 계속해서 문을 두드렸다. 그리고 네 번의 시도 끝에 간신히 교수님과의 만남이 이루어졌다. 교수님은 '바빠서 미안하다'며 내게 커피를 내주셨다.

## 스스로 등불이 되자

다른 교수님들께서는 공통적으로 요즘 젊은이들이 '안됐다'고 말씀하셨습니다. 예전 세대와 달리 지금 청춘들은 술과 연애, 낭만은커녕 취업의 기회조차 누리지 못하고 있기 때문입니다. 교수님께서도 같은 생각을 갖고 계신지요?

글쎄, 나는 젊었을 때 가난에 대한 공포가 워낙 컸어. 집이 가난한 것은 물론이고 내가 선택한 전공이 '굶어 죽기 딱 좋은' 쪽이라 더 그랬던 것 같아.

우선 내 아버지는 선비처럼 책만 읽는 사람이었어. 독서 외에 딱히 하는 일이 없었지. 온종일 서재에 들어앉아 한자가 빽빽하게 적혀 있는 책들만 들여다보는 것이 전부였어. 당연히 집안은 늘 가난할 수밖에. 그것도 모자라서 나중엔 아예 집을 떠나 절로 들어가 버렸어. 가장으로서의 의무니 속세의 미련이니 훌훌 벗어던지고 떠나 버렸는데, 그때 아버지의 뒷모습이 아직도 잊히지 않아.

나이가 들어서야 아버지가 젊은 시절에 안 해 본 일이 없을 만큼 많은 직업을 두루 경험했다는 사실을 알게 됐어. 그런데 인생 후반부에 접어들면서부터 먹고사는 문제보다 더 중요한 것이 무엇인가를 찾기 시작한 거야. 솔직히 아버지의 그 선택에 대해 나는 어떤 가치 판단도 할 수가 없어. 그런 아버지에게서 물려받은 것이 단지 가난뿐만은 아니었거든. 무슨 말이냐 하면 아버지는 가난과 더불어 내게 삶에 대한, 그리고 인간에 대한 생각의 씨앗들도 함께 물려준 셈이야. 그 씨앗들은 내 안에서 고스란히 예술에 대한 갈망으로 변해 갔지. 물론 그 전까지는 아버지처럼 살지 않겠다는 생각이 전부였던 게 사실이야. '아버지처럼 가족을 굶기는 가장은 되지 말아야지.' 이런 생각뿐이었거든. 그만큼 가난이라는 압박이 두려웠어.

그런데 막상 전공을 선택할 시점이 되니까 고민이 시작됐지. 이성적으로는 건축학과를 지망하고자 했지만 마음은 미술을 향하고 있었거든. 건축학과가 현실이라면 미술은 꿈인 셈인데, 어느 쪽을 선택해야 할지 갈등이 이만저만 큰 게 아니었어. 그때 문득 아버지 생각이 나더군. 어쩌면 그분 역시 인생의 어느 지점에 이르러 나와 비슷한 고민에 직면한 게 아닐까? 먹고사는 문제에 떠밀려 온갖 직업을 전전했지만 끝내 만족할 수 없었던 삶이었잖아. 그래서 무책임한 가장이라는 소리를 들어 가면서까지 책 속에 파묻혀 정신적 허기를 달랬던 것은 아닐까?

나는 꿈과 현실 사이에서 팽팽한 줄다리기를 한 끝에 결국 미술을 선택했어. 미술대학에 지원서를 낼 때 나는 굶어 죽을 각오까지 하고 있었지. 예술이란 게 원래 '자발적 가난'이라는 전제를 필요로 하는 분야잖아. 예술을 해서 가족을 먹여 살린다는 것이 어불성설이라는 사실을 나는 잘 알고 있었어. 그래도 나는 진정 하고 싶은 일을 하며 살고 싶었던 거야. 하지만 미술대학에 입학한 뒤에도 가난에 대한 두려움은 여전히 그림자처럼 내 뒤를 집요하게 따라다녔어. 평생 돈에 쪼들리며 가난하게 살 거라는 불안감이 점점 나를 옥죄어 왔지.

그러던 어느 날 우연히 '예수의 등불'에 관한 이야기를 듣게 되었어. 비록 기독교 신자는 아니었지만 예수가 제자들에게 했다는 그 이야기만큼은 유난히 내 귀에 쏙 들어오더군.

"등불을 어찌 구석진 곳에 가둘 수 있겠느냐. 무릇 등불이란 만인이 볼 수 있는 곳에 두어야 세상을 밝힐 수 있는 법이다."

정말로 성경에 그런 말이 적혀 있는지는 잘 몰라. 그건 별로 중요하지 않아. 옆 사람들의 대화에서 유독 그 말이 내 마음을 움직였다는 사실만이 중요한 거야. 그때 나는 마음속으로 이런 생각을 했어.

'그래, 내가 등불이 되면 되는 거였구나!'

내가 등불이 되어 빛을 낼 수만 있다면 나머지는 세상이 알아서 해 주지 않을까? 등불을 구석진 자리에 감춰 두는 법은 없잖아? 내가 등불이 되면 사람들은 좀 더 넓은 자리 한가운데로 나를 옮겨 와서 두루두루 비출 수 있게 해 줄 거야. 그리고 등불이 꺼지지 않게 바람을 막으며 보호해 주겠지?

그럼 어떻게 해야 내가 등불이 될 수 있을까? 답은 분명했어. '좋은 작품을 하는 것', 이게 전부야. 그 순간 이상하게 마음이 평온해지기 시작했지. 오랫동안 나를 괴롭히던 불안과 걱정이 한순간에 사라지는 느낌이랄까? 그리고 이제껏 나의 생각이 엉뚱한 방향으로만 치닫고 있었다는 사실도 깨달았어. 나는 '예술을 해서 먹고살 수 있을 것인가?'가 아니라 '어떻게 하면 좋은 작품을 만들 수 있을까?'를 고민해야 했던 거야.

아무튼 그날 이후 내 삶의 양상이 달라지기 시작했어. 생각의 방향만 살짝 바꿨을 뿐인데 세상이 다르게 보이기 시작했지. '스스로 등불이 되자', 이 한마디는 어두웠던 내 청춘의 한 시절을 밝히는 등대와도 같았어. 내가 등불이 될 수만 있다면 나머지는 저절로 해결될 것이라는 믿음이 생겼으니까. 나에겐 그 믿음만이 전부였지. 그런 믿음마저 없었다면 나는 무너졌을 거야. 그래서 더는 무너지지 않기 위해서라도 내 모든 것을 걸고 믿어야만 했어. 그때부터 나는 주어진 과제들을 수행할 때마다 마음속으로 하나의 영상을 그려 나가기 시작했지. 조금씩 빛을 내며 등불이 되어 가는 나 자신을 상상한 거야.

지금 이 시대를 살아가는 젊은이들이 얼마나 힘들어하는지 잘 알아. 미래는 불투명하고, 현실은 답답하기 짝이 없지. 그 친구들한테 이렇게 말해 주고 싶어. 현재의 고민에 대한 관점이나 생각의 방향을 다시 조준해 보라고 말이야. 전공이 무엇이든 직업이 무엇이든 너는 지금 있는 그 자리에서 스스로 등불이 되는 중이라고. 그런 믿음이 점점 빛날수록 마음을 어지럽히는 불안과 걱정도 서서히 물러나지 않을까?

## 나누어 갖는 마음

말씀을 듣는 동안 제 머릿속에 부처의 마지막 말씀 중 한 대목인 '자등명自燈明' 이야기가 떠올랐습니다. 스스로 등불이 되어야 한다는 점에서 예수와 부처의 뜻은 다르지 않은 것 같은데요. 하지만 여전히 '어떻게?'라는 질문이 남습니다. 어떻게 해야 스스로 등불이 될 수 있는지, 아니 스스로 등불이 되려면 어떤 마음, 어떤 자세를 가져야 하는지 잘 모르겠습니다. 너무 막연하다는 생각이 듭니다.

그래, 맞아. 나도 그랬어. '스스로 등불이 되자'는 지향점을 찾긴 했지만, 그 방향으로 달려가기 위한 마음의 동력을 얻기 위해 나는 끝없이 고민했어. 그 시절 나는 예술가 지망생으로서 나름의 꿈을 품고 있었는데 당시 우리 사회는 전국적으로 민주화 운동의 불길이 타오를 때였지. 학생들은 하루가 멀다 하고 시위를 벌였고, 강의실까지 최루탄 가스가 들어오곤 했어. 우리는 밤마다 술집에 모여 삶에 대해, 국가에 대해 떠들어대며 쓴 소주를 들이켰지. 이런 독재 정권의 시대에 예술을 한다는 것은 어떤 의미일까? 스스로 등불이 된다는 것은 또 어떤 의미일까? 나는 내가 품고 있는 이상이 너무 이기적이라고 생각했어. 정말 견디기 힘든 갈등이었지.

그런데 대학 3학년 때였던가? 어느 날 아침에 우연히 신문에서 법정스님이 쓰신 칼럼을 보게 됐어. '나누어 갖는 마음'이라는 제목이 눈에 확 들어왔지. 무슨 내용이냐 하면, 법정스님이 지리산 어느 절에서 하룻밤 묵었을 때의 일이야. 밤에 잠을 자려는데 어디선가 딱딱 나무 부러지는 소리가 나더래. 그 소리에 잠을 뒤척이다가 마당에 인기척이 나기에 살짝 문을 열어봤더니 글쎄, 늙은 주지스님이 웃통을 벗고 마당을 뱅뱅 돌고 있더라는 거야. 그 추위에 눈을 맞아 가며 오들오들 떨면서 말이야. 다음 날 아침 법정이 주지스님한테 여쭤봤겠지. 간밤에 왜 그렇게 추위에 떨면서 마당을 돌았느냐고 말이야. 주지스님은 이렇게 말씀하셨대. "그 추운 겨울밤에 온갖 미물들이 얼마나 고생했겠어? 걔네들한테 해 줄 게 하나도 없어서 나도 함께 추위에 떨었지, 뭐. 내가 그들과 나눌 수 있는 게 그것뿐이잖아."

이게 바로 '나누어 갖는 마음'이야. 그 칼럼을 읽는 순간 나는 묵은 숙제가 싹 풀리는 느낌이었어. 예술가로서 나는 어떻게 살아야 할까? 좋은 작품을 만들어 세상에 내놓는 거야. 그 작품에 나의 진심을 온전히 담을 수 있다면, 사람들이 그 작품을 감상하고 무언가를 느끼겠지. 그 느낌들이 사람들에게 전해지면서 세상에 조금이라도 긍정적인 영향을 줄 수 있지 않을까? 내가 주변의 힘든 사람들, 어려운 사람들에 대해 안타까워하는 마음을 작품에 담으면 그 자체로 나누어 갖는 일이 되는 거야. 꼭 물질적인 것을 나누는 것만이 나눔은 아니잖아. 나는 작품을 통해 다른 사람들과 나누어 가질 수 있을 만한 존재가 되어야겠다고 생각했어. 다른 이들에게, 그리고 이 사회에 조금이나마 도움이 되는 사람이 되어야겠다고.

## 흙수저들의 진가가 빛나는 중턱 이후의 삶

요즘은 자신의 참모습을 찾기가 더 힘들어진 시기인 것 같습니다. 게다가 금수저, 흙수저라는 말까지 생겨서 저희를 더 힘 빠지게 합니다.

흙이란 게 원래 세상 모든 바닥을 형성해서 모두가 잘 서 있을 수 있게 해 주는 거잖아? 나무가 자라고 숲이 우거질 수 있도록 탄탄한 토양과 자양분이 되어 주는 게 바로 흙이란 말이야. 그런 흙을 우리는 너무 버리는 쪽, 가치가 없는 쪽으로만 생각하는데, 흙이 잘할 수 있는 것은 사실 그 무엇보다도 많고 다양해. 흙이 없으면 나무가 어떻게 자라겠어? 흙이 없으면 우리가 어떻게 걸어 다닐 수 있겠어? 우리는 흙을 새롭게 대할 필요가 있어. 아주 독창적으로 잘 써야 한다는 얘기야.

흙을 기막히게 잘 쓴 예가 바로 도자기 아닐까? 흙을 빚어 불 속에서 수련시키고 연마시키면 도자기로 재탄생해서 사람들에게 새로운 아름다움을 선사하잖아. 그런데 금은 어떨까? 사실 금은 어느 시대에나 소수의 사람들만 누릴 수 있었지. 늘 갇힌 존재였던 거야. 얼마나 불행해?

우리가 흙수저로 태어났다고 해서 그걸로 모든 게 끝이라는 생각만은 하지 말아야 한다는 뜻이야. 만약에 내가 흙수저라면 흙수저로서 할 수 있는 최선이 무엇인지를 스스로 발견하고 그걸 극대화할 수 있어야 해. 어쩌면 금보다 훨씬 가치 있는 것을 만들어 낼 가능성을 지녔을 수도 있잖아. 사실 엄밀히 말하면 금수저들이 모두 성공하고 흙수저들이 무조건 루저가 되는 건 아니야. 자기 스스로를 어떻게, 어디로 이끄느냐에 따라 모든 것이 달라질 수 있어. 스스로 가장 잘할 수 있는 것을 해 나가는 노력과 지혜, 용기가 있다면 그 자체로 금수저, 흙수저를 초월하는 셈이지. 나는 졸업생들에게 늘 이런 말을 들려줘. "작가가 되고 싶다면 너 스스로가 작가로 클 수 있게 도와줘라." 만약에 작가가 되고 싶은데 "부모가 안 도와줘서 작가가 될 수 없어"라고 말한다면 그걸로 끝이야. 작가가 되고 싶다면 작가가 될 수 있도록 스스로 도와야 해. 자기가 자기를 돕지 않으면 세상에 그 누가 자기를 도와주겠어? 부모도 환경도 중요하지만, 지금 자기가 스스로를 얼마나 돕고 있는지 잘 살펴보았으면 해.

나는 가끔 그런 생각을 해. 예를 들어 내가 산꼭대기에 올라가고 싶어서 중턱까지 쭈욱 차를 타고 올라갔어. 차가 없는 사람들은 처음부터 걸어서 올라야 해. 어쨌든 중턱까지는 내가 빨리 올라간 셈이지. 하지만 정상까지는 찻길이 없기 때문에 누구나 걸어서 올라야 해.

우리 인생이라는 산도 마찬가지야. 부모가 도와줄 수 있는 것, 자신의 배경이 도울 수 있는 것들은 딱 거기까지야. 그 이후엔 인생에도 길이 없어. 오직 자기밖에 없지. 중턱까지야 멋진 스포츠카를 타고 갈 수도 있겠지만 정상까지는 공평하게 걸어서 올라가야 하는 게 현실이야. 그런데 계속 더 올라가 봐. 헐떡거리고 숨 가쁜 건 누구나 똑같아. 아니, 어쩌면 처음부터 걸어왔던 사람은 허벅지 근력이 생겨서 좀처럼 지치지 않을 수도 있어. 중턱까지의 시기가 30대가 될 수도 있고 40대가 될 수도 있고 빠르면 20대 초반이 될 수도 있겠지. 어쨌든 그 이후로는 누구의 도움도 없이 스스로 걸어 올라야 해. 금수저의 혜택도 거기까지야. 아무리 배경이 좋다 하더라도 똑같이 한 발 한 발 산에 올라야 하는 순간이 곧 다가와.

돌이켜 보면 중턱 이후의 길이 훨씬 아름다웠던 것 같아. 나 역시 흙수저였기 때문에 잘 아는 건데, 자신이 흙수저라는 것에 실망하지 말라는 이야기를 해 주고 싶어.

어떻게 보면 금수저, 흙수저 이야기는 앞 세대의 낡은 패러다임일 수 있어. 지금은 우리가 새로운 직업을 개척하고, 새로운 분야를 만들어 가고, 또 계속해서 새로운 것들이 많이 나타나고 있잖아. 스스로 새로운 길을 개척할 기회와 가능성이 너무도 많은 시대인데 왜 아직도 예전 패러다임에 갇혀서 그 틀에 들어가지 못해 안달하느냐 이 말이야. 새로운 시대에 새로운 패러다임을 개척해 나가면 잘될 확률이 더 클 텐데 말이지. 창업, 스타트업이 거론되는 이유도 그것이 하나의 모색점이 될 수 있기 때문일 거야. 스스로 만들어 내는 모색점이지. 젊은이들이 이 시기를 절망의 시기라고 많이 이야기하던데 반대편에서 보기엔 오히려 희망의 시기야. 희망을 가져도 되는 시기라고 지금은. 그리고 앞으로 10년 안에 기성세대의 자리도 많이 빌 테고 또다시 새로운 생각과 아이템들이 급진적으로 생겨날 거야. 마치 빅뱅과 같은 시기가 도래할 테니 거기에 맞춰 자기계발을 충분히 해 놓지 않은 사람은 도태될 것이고, 비록 흙수저라도 최선을 다해 살아간다면 미래의 기회를 선점하는 사람이 될 거야.

'흙'이 지닌 무한한 가능성, 혹은 강인한 생명력에 대해 경외감이 느껴집니다.

거기에 비해 금은 가능성이 없어. 흙이 어마어마한 가능성을 지닌 것에 비하면 말이야. 금을 가져다 어디다 쓸 거야? 우리는 금의 폐쇄성보다 흙의 가능성을 믿어야 해. 흙이 꿈꿀 수 있는 가능성을 봐야 해.

## 창조의 비밀, 당연하지 않은 당연함

교수님의 작품을 통한 삶의 이야기를 들려주시겠어요? 흙수저가 꾸었던 꿈이 작품으로 탄생했으니까요. 특히 교수님만의 '역상조각'에 대해서요.

흐음……. 역상조각은 우선 발상의 전환에서 생겨났어. 대학을 졸업하고 첫 개인전을 열 무렵, 나는 신작로나 이미 잘 만들어진 큰길들을 피해서 오솔길을 걷고 싶다는 글을 쓴 적이 있었어. 실제로도 늘 탄탄대로보다는 혼자 오솔길을 걷고 싶어 했지. 지금 돌이켜 보니 그때부터 이미 새로운 길을 개척해 나가겠다는 의지를 다졌던 것 같아. 그러기 위해서는 우선 모두가 옳다고 할 때 '과연 그게 옳은 건가' 의심해 볼 수 있어야겠

지. 그러니까 다들 A를 외칠 때 나는 A를 뺀 나머지 가능성들을 보려고 했던 거야. 그게 습관이 돼서 나만의 창작 기법처럼 되었어. 지금 내가 하고 있는 작품들도 '조각은 입체다'라는 고정관념을 벗어던진 결과물들이야. 내 작업은 결국 허虛공간이거든. 안에는 아무것도 없는 공간 말이야. 그 허공에서 실체를 보기 때문에 물질이 없으면서 실체를 보게 만드는 작업이 탄생하게 된 거야. 조각은 물질이고 입체여야 한다는 개념을 빼고 어떻게든 해 보려는 시도에서 태어난 작품이지.

　내가 들었던 감상평 중에서 가장 기뻤던 것은 독일에서 전시할 때 어떤 노인이 내 작품을 보고 '아인슈타인 같다'고 한 말이었어. 그 말을 듣고 얼마나 기뻤는지 몰라. '내 작품을 통해 아인슈타인의 상대성 원리까지 읽어 주는 사람이 있구나' 하고 말이야. 물론 발상의 전환을 통해 얻은 작품이었기에 더욱 행복했었지.

내 작업은 엄밀히 따지고 보면 예술이라는 범주 안에 있지는 않다고 생각해. 그냥 내가 살면서 질문하고 있는 것들을 실현해 본 게 작품으로 나온 것이거든. '존재란 무엇인가? 기억 속에는 존재가 없는가? 기억 속에 존재가 있다면 그 존재는 어떤 형태일까?' 이런 질문들 말이야. 이런 질문을 품고 작업을 하면서 실험한 것들이 작품으로 나왔을 뿐이야. 그러다 보니 과학적인 접근이 필요할 때도 많았고, 인문학과 철학 공부도 많이 하게 되더군. 그리고 그것들은 모두 내 안에서 예술이 되었어.

## 전통과 미래를 어떻게 이을 것인가

혹시 조소를 전공하는 학생들에게 해 주고 싶으신 말씀이 있는지요?

요즘 3D프린팅이 급속도로 발전하고 있잖아. 이제 조각이라는 영역도 전문가들만의 전유물이 아니지. 누구나 손쉽게 입체 조각물을 만들 수 있는 하드웨어가 진화해 버렸어. 그래서 전문적인 교육을 받은 학생들이나 작가들이 '이제 우리가 활동할 영역이 사라져 간다'며 아쉬워하는 말을 하곤 하는데, 난 그렇게 생각하지 않아. 난 오히려 지금부터 우리 젊은이들이 새로운 기술들을 열린 마음으로 활발하게 익히고, 자신이 상상하던 큰 꿈을 새로운 기술 위에서 구현할 수 있게 되었다고 생각해. 예전에 사진이 사진사의 전유물이었던 때가 있었어. 그런데 지금은 누구나 휴대폰으로 사진을 찍을 수 있잖아. 그렇다고 사진사가 사라졌을까? 사라진 게 아니라 변화한 거야. 예전의 사진사가 지금은 '사진작가'라는 이름으로 더 멋진 활동을 하고 있잖아. 보이지 않는 것을 그래픽으로 만들어 합성해 보기도 하고, 꼭 전쟁 장면인 것만 같은 사진을 감독처럼 연출해서 찍기도 하고 말이야. 그렇게 변화하면서 과거 사진사들이 점유했던 사진의 영역을 더욱 확장하고 있는 거지. 그래서 이른바 전문가들에게는 더더욱 사명감이 중요해. 전통과 미래를 이어 준다는 사명감 말이야.

## 자기만의 스토리를 풀어 가라

그렇다면 교수님께서 생각하시는 이 시대의 키워드는 무엇입니까?

좋은 질문이야. 나는 '공유'라고 생각해. 이전 시대에는 공유보다 소유가 더 중요한 시대였어. 내 영역에서 설명을 덧붙이자면, 예술도 원래 공유의 키워드를 지닌 영역이야. 음악, 미술, 문학 등 모든 예술 작품은 결국 누군가에게 보이기 위해 만들어지잖아. 다시 말해 개인의 독백을 넘어 사회적 담론으로, 개인의 생각과 감정을 넘어 사회적 공감으로 확장되는 속성을 지녔다는 뜻이야. 이러한 공유가 이제는 삶의 모든 면에서 이루어지고 있어. 게다가 지금은 인스타그램, 페이스북, 블로그처럼 개인과 일상의 모든 것이 더욱 활발하게 공유되는 시대야. 휴대폰은 개인의 전시장이자 무대가 되었지.

그렇다면 공유의 시대를 살고 있는 젊은이들에게는 어떤 조언을 해 주고 싶으신가요?

다들 취업 문제로 고민하고 있잖아. 그런데 나는 고민의 방향을 좀 바꿔 보라고 이야기해 주고 싶어. 그러니까 '왜 나를 채용하지 않지?'라는 질문보다 '내가 어떤 역할을 할 수 있을까? 나는 다른 사람들에 비해 무엇이 특별한가?'라는 질문을 던져 보란 뜻이야. 질문과 관심의 초점을 외부가 아닌 자신에게 돌려 보면 그 안에서 자기 스토리를 어떻게 써 내려갈지 보이지 않겠어? 모든 사람은 저마다 특별한 존재로 설계되어 있어. 다만 그 특별한 자신의 역할을 풀어 나가기 위해 그 역할에 맞는 자격을 갖추어야 하고, 그러한 자격을 갖추기 위해서는 성취를 해야 할 거야. 그리고 그 성취를 위해서는 자신만의 혁신 방법이 필요하고, 혁신을 위해서는 노력이라는 과정이 필수적으로 따르겠지. 경쟁은 언제나 치열했어. 의사와 약만 있다고 내가 아픈 곳이 모두 낫는 것은 아니잖아? 결국 나를 낫게 하는 것은 나 자신이야.

다시 강조하지만 모든 사람은 자신의 역할을 할 수 있도록 설계되어 있어. 한 명의 예외도 없이 말이야. 어쩌면 자신의 선택을 가로막는 유일한 존재는 자신뿐일지도 몰라.

하지만 스스로 선택한 조건들이 아닌, 주어진 조건이나 기존의 환경 때문에 바꿀 수 없는 것도 꽤 많지 않을까요?

물론 자신을 이루는 요소 중에서 이미 바꿀 수 없는 요소들도 있어. 하지만 정작 중요한 것은 지금까지의 이야기가 아니라 앞으로의 이야기들이 아닐까? 비록 아직은 과거부터 이어져 온 조건에 묶여 있고, 결과와 성과만을 너무 강조하는 시대라 우리의 이목이 흐려질 때도 있겠지만, 꿈과 비전을 향한 자신의 역할은 잊지 말아야 해. 그것은 무엇과도 바꿀 수 없는 절대적인 자산이니까.

## 빛바랜 사진 한 장

마지막으로, 교수님 작품들 중에서 가장 의미가 남다른 작품은 어떤 것인지 궁금합니다.

독일 유학 시절에 나는 주머니 사정 때문에 주로 벼룩시장을 이용했어. 그러던 어느 날 벼룩시장에서 아주 낡은 사진 한 장을 우연히 발견했지. 어느 학교의 단체 사진이었는데, 잔뜩 긴장한 채 사진사를 바라보고 있는 어린아이들이 담겨 있었어. 뒷면에는 '1920'이라는 숫자가 적혀 있었지. 그때가 막 제1차 세계대전이 끝난 시기였거든. 소련군이 베를린을 에워싼 상태에

서 미군이 비스킷 같은 식량을 떨어뜨려 주고 가면 독일 사람들은 그것을 주워 먹던 시절이었어. 그러니까 사진 속 아이들은 그 시절에 태어나서 용케 살아남은 생존자들인 셈이지. 나는 그 사진을 구입했어. 물론 헐값에 말이야. 그리고 집에 돌아와 생각에 잠겼지. 이 사진을 찍던 순간 어린아이들이 겪은 사건 역시 사진처럼 영원히 그 자리에 남게 되고 변치 않는 것이라는 생각이 들더군. 난 운이 좋아서 그 당시의 순간을 사진이라는 창window을 통해 엿보게 된 것인데, 그 아이들을 내가 살고 있는 현실 세계의 물질로 만들어서 함께 시간을 보내고 싶다는 마음이 생겼어. 그래서 나는 사진 속 아이들을 실제 크기로 조각해서 33명 모두 재탄생시켰어. 그렇게 무형의 사건을 물질로

재탄생시킨다는 개념은 내 창작의 뿌리가 되어 주었지.

이제는 모두가 스마트폰이라는 창을 지니고 있잖니? 그래서 난 지금의 젊은이들이 나보다 할 이야기도 많고, 가능성도 더 큰 세대라고 생각해. 아까 내가 '공유'라는 것이 이 시대의 키워드라 말했지? 그 바탕엔 반드시 '이해'가 있어야 해. 나는 모든 공통점과 합의를 이루어 낼 수 있는 마음가짐이 바로 '이해'라고 생각한단다. 그러자면 개성을 넘어, 사회를 넘어 본연의 자기 자신이 가진 것을 털어 내려는 자세가 필요할 거야. 그것이 세상과 더 멋진 공유를 할 수 있는 첫걸음일 테니까. 난 믿어. 지금의 젊은이들이 세대 간의 이해, 사회적 이해를 가장 잘할 수 있다고.

 ## 연구실을 나서며

사실 흙은 늘 우리 발에 차이고 밟힐 만큼 흔하고 낮은 위치에 있다. 이에 반해 금은 모두에게 부러움을 사는 귀한 광물이다. 그래서 그런지 다른 광물보다 유독 더 빛나 보인다.

그러나 거기까지다. 인간이 거래하기 위해 만든 가치를 빼고 나면 금의 유용성은 흙에 비할 바가 아니다. 흙을 파헤쳐 씨앗을 심으면 싹이 트고 꽃이 피고 열매를 맺지만, 금은 씨앗을 품을 수도 없다.

금은 부러운 시선을 받으며 살지만, 흙은 무수한 가능성과 생명을 품고 산다. 그 속에서 숨은 진가가 드러난다. 그래서 이용덕 교수님을 만난 순간, 차이고 밟히던 흙에서 금보다 밝은 빛이 보였던 것 아닐까?

## 1동과 2동, 그리고 그 사이

시인 박노해는 "봄은 보는 계절, 보이지 않는 것을 보는 계절, 마음의 눈으로 미리 보는 계절"이라 했다.

1동과 2동은 오래되었다. 낡았다. 그래서 겨울은 더 춥고 여름은 더 덥게 느껴진다. 요즘 같은 시대에 오래되었다는 것만큼 초라하고 지겨운 것도 없을 것이다. 그러나 이 중간에는 해마다 변함없이 찾아오는 손님이 있다.

바로 '봄'이다.

매번 봄이 올 때면 1동과 2동 사이의 작은 공간에는 오래된 매화와 철쭉, 진달래, 그리고 이름 모를 예쁜 꽃들이 피어난다. 모두들 해마다 보는 광경인데도 이곳을 지나칠 때마다 똑같이 외친다.

"봄이 왔네!"

　시간이 흘러 초라해지고 지겨워져서 보기 싫어졌더라도 그 속에는 매번 변함없이 새로운, 동시에 익숙하고 따스한 봄이 기어코 찾아온다. 그리고 꽃이 피어난다.

　올해도 새로운 봄이 오래된 가지 사이사이에 살며시 피어났다.

# 함께하는 더 큰 삶

수의과대학 수의과
우희종 교수

우희종 교수는 서울대학교 수의과대학 수의학과를 졸업하고 일본 도쿄 대학교 약학부에서 석사 학위와 박사 학위를 받았다. 이후 미국 펜실베이니아 대학교 의과대학에서 연구원을, 하버드 대학교에서 연구강사를 역임했다. 현재 수의학자로서 서울대학교 수의과대학 수의학과 교수로 재직하고 있다. 지은 책으로는 《생명과학과 선》(2006), 《붓다와 다윈이 만난다면》(공저, 2010), 《학문간 경계를 넘어》(공저, 2011) 등이 있다.

 ## 연구실에 들어서며

　우리는 인간과 동물의 차이점에 대해서 잘 알고 있다. 하지만 살다 보면 동물과 전혀 다를 바 없는, 때론 동물보다 나을 것 없는 행동을 저지르기도 한다. 그럴 때마다 우리는 서로에게 '이런, ×만도 못한' 등의 말을 퍼붓곤 한다. 어쩌면 우리는 근본적으로 동물과 다르지 않은, 그저 또 다른 종류의 동물이 아닐까?

　우희종 교수님은 수의과대학에 계신다. 수의과대학은 의과대학과 다르다. 앞에 '수' 자 하나만 붙었을 뿐인데, 그 차이는 크게 느껴진다. 우희종 교수님은 수의과대학 특성상 다양한 동물들을 누구보다 가까이 접해 오셨다.

　연구실에 들어서자 교수님은 평소 아끼시는 찻잔에 손수 차를 따라 주셨다. 차의 향기와 맛에 취해, 무엇보다 교수님의 푸근한 미소에 한결 편안해진 마음으로 나는 그동안 궁금했던 '사람과 동물의 다른 점이 무엇인지', '동물들도 마음이 있는지'의 질문들을 털어놓았다.

　교수님은 미소를 지으며 찬찬히 대답해 주셨다. 그것도 동물의 입장에서.

## 주어진 환경에 감사하고, 성찰할 수 있는 능력

교수님, 안녕하세요. 만나 뵙게 되어 반갑습니다. 이 시대를 살아가는 젊은이들에게 교수님께서 해 주실 수 있는 말씀이 있다면 무엇일지 듣고 싶어 찾아오게 되었습니다.

나이 든 사람으로서 젊은이들에게 해 줄 수 있는 말이 있다면, 일단 주어진 환경은 사람마다 정말 다양하다는 거예요. 인간이 환경을 받아들이는 능력이 어떤 부분에서 동물과 다른지 우리 전공에서는 크게 세 가지로 생각합니다. 우선 누구나 인정하듯이 인간에게는 '채워지지 않는 욕망'이 있다는 것이고, 두 번째로 내 삶의 의미, 내 존재의 의미를 '성찰할 수 있는 능력'이 있다는 것입니다. 마지막으로 '주어진 환경에 감사할 수 있는 능력' 또한 오직 인간에게만 있다고 생각합니다.

주어진 환경에 감사할 수 있는 능력에는 '더 좋은 방향으로 바꿔 나갈 수 있는 능력'이 포함되어 있습니다. 나에게 주어진 환경을 더 좋은 방향으로 바꿔 나가는 과정에서 성찰하는 능력과 감사하는 능력을 함께 발휘한다면 인간은 탐욕의 악순환에서 벗어나 더불어 살아가는 길을 찾을 수 있지 않을까요? 요즘 많은 젊은이들이 꿈과 현실 사이에서 방황하고 갈등합니다만, 그럴수록 주어진 환경에 대한 감사와 삶에 대한 성찰이 필요한 것 같습니다.

나는 젊은이들이 미래에 대해 불안을 느끼는 게 어쩌면 당연하다고 생각합니다. 미래라는 것은 아직 정해지지 않았고, 나의 선택에 의해서 만들어지는 것이기 때문에 원래 많은 불확실성을 담고 있습니다. 그런데 그 불확실성이라는 것은 불안과 염려와 초조의 대상이 아닙니다. 오히려 불확실성은 내가 장차 어떤 사람이 될지, 어떤 삶을 살지와 같은 무한한 가능성을 담고 있습니다.

신자유주의 경쟁 시대에 많은 젊은이들이 좌절하고, 심지어 중고등학생들까지 성적 때문에 스스로 목숨을 끊곤 하는데, 이런 현상은 당연히 우리 기성세대의 잘못입니다. 하지만 젊은이들 또한 이미 주어진 현실 속에서 앞으로 무엇을 할지 좀 더 능동적으로 풀어 나가야만 합니다. 부디 각자의 내면에 들어 있는 힘을 찾아낼 수 있길 바랍니다.

서울대학교 기숙사에 사는 학생들에게 물어본 결과 자살에 대해 생각하는 학생들은 해마다 있고, 그중에는 정말 실행에 옮기는 학생들도 있었습니다. 미래의 희망만 바라보며 자신을 다스리기엔 당장 마주한 현실이 너무 치열하지 않나 생각됩니다. 이런 상황에서 조금 더 스스로를 다스릴 수 있는 방법이 있을까요?

패러다임의 전환을 시도해 봐야 하지 않을까 싶군요. 다시 말해 이 상황을 뒤집어 생각하고 일상 속에서 혁신적 사고 전환이나 과감한 시도와 실천을 작게나마 해 나가야 한다는 뜻입니다. 개인과 사회의 발전은 원래 주어진 틀을 뛰어넘고 개선해 나가는 데 있다고 생각합니다. 진정한 발전은 자신이 속한 집단의 틀을 넘어서려는 것에서부터 시작되고요.

그중에서 가장 뛰어넘기 힘든 틀은 바로 '나'입니다. 나라는 존재는 고정되어 있는 것이 아니라 주변 환경과의 관계 속에서 끝없이 변화하며 형성됩니다. 이런 상황에서 평소에 자신을 뛰어넘는 연습을 하지 않는다면 결국 주어진 틀에 길들여질 수밖에 없겠죠. 타성과 관성에 길들면 세상의 흐름에 순응하게 되고, 미래에 대한 불안을 극복할 수 있는 힘은 상대적으로 점점 약해질 겁니다. 그래서 내가 꼭 해 주고 싶은 말은 젊은이들 스스로 일상 속에서 주어진 것들을 다시 한 번 생각해 보는 습관을 가져 보라는 것입니다. 그리고 나에게 주어진 것들을 받아들일지, 거부할지 자문하는 연습을 계속해 나간다면 어떤 상황이나 집단에 속하든 늘 자신의 삶을 찾는 힘이 생길 겁니다. 그러니 평소에 일상의 사소한 것에서부터 맹목적으로 순응하지 않고 길들지 않는 연습을 해야 합니다.

## 진실과 사실의 틈새에서

문득 人間인간이라는 한자가 생각납니다. 인간은 글자 그대로 '사람+사이'라는 뜻인데, 여기서 '사이 간間'이라는 글자가 '사람 인人' 다음에 붙는다는 것이 처음에는 독특하게 느껴졌어요. 우선 사람 인人이라는 글자 하나로도 충분히 표현할 수 있는데 간間이 붙는다는 게 잘 이해되지 않았고 어울리지 않는 것 같다고 생각했습니다. 하지만 단어를 계속 들여다보니 사람 인人 다음에 사이 간間을 붙임으로써 사람과 사람 사이를 채우는 향기가 느껴졌습니다. 그리고 어쩌면 이 향기는 '인간 본연의 아름다움'일 수도 있겠다는 생각이 들었습니다.

실제로 인간이 그렇고, 시간이 그렇고, 공간이 그렇습니다. 모두 '간間'이 들어가 있지요? 내 생각에 間은 상호 관계를 의미하는 것 같습니다. 시간도 사실 단독으로 존재하는 것이 아니라 끊임없는 흐름 속에서 존재하고, 공간도 단독으로 존재하지 않습니다. 항상 이웃과 연결되어 있지요. 그런 면에서 間은 글자 그대로 사이를 의미하기도 하지만, 결국 이런 양자 혹은 다자 간의 상호 관계를 의미합니다.

요즘은 사람과 사람 사이에 지나치게 많은 정보들이 자리하고 있는 것 같습니다. 물론 정보의 유용성을 부정할 수는 없을 것입니다. 하지만 이런 수많은 정보들이 삶의 지혜나 인간에 대한 성찰로 이어지지 못해 미래에 대한 불안감은 여전하고, 내적인 충만감도 요원해 보입니다.

힘든 시대인 건 사실입니다. 하지만 다른 각도에서 보면 삶의 본질은 100년 전, 200년 전과 비교해도 별로 바뀌지 않았거든요. 다만 사는 환경이 너무 급격히 변화되었습니다. 이때 급속히 변화하는 환경에 초점을 맞추어 나를 생각하고, 나아가 내가 아닌 타인과의 관계만을 생각하다 보면 아마 평생 쫓기고 불안해하며 살아갈 수밖에 없을 겁니다. 그렇기 때문에 급변하는 환경 이면의, 변하지 않는 삶의 본질적인 모습이 무엇인가를 꼭 성찰해야 합니다. 그런 성찰이 가능하다면 상황이 어떻게 변하든 포화 상태로 치닫는 지식 정보의 물결에도 휩쓸리지 않고 삶의 본질에 대한 의문에 지식을 접목하여 정말 우리에게 필요한 것을 추려 낼 수 있는 힘이 생길 수 있다고 생각합니다.

예를 들어, 셰익스피어의 작품들은 지금도 많은 사람들이 읽고 있지만, 천동설처럼 당대에 발표된 과학 이론은 역사적 기록에만 머물 뿐 지금은 인정되고 있지 않습니다. 나는 이것을 '진실과 사실의 틈새'라고 표현합니다. 시대와 문화를 초월하여 변하지 않는 진실과 늘 시대에 따라 변화하면서 특정 집단 내의 다수가 공유해 온 사실, 그 둘 사이에서 우리는 깨어 있어야 하고, 또 그런 각성 속에서 자신의 삶을 만들어 가야 합니다. 그래야만 지식 홍수의 시대에도 두려움에 떨지 않고, 오히려 그 지식들을 적극적으로 이용할 수 있는 주체적인 삶을 살아갈 수 있습니다. 많은 미래 학자들이 오늘날 지식의 폭발과 더불어 급격하게 변해 가는 삶의 방식을 우려하고 있는 게 사실이에요. 하지만 삶의 본질이 시대나 문화에 좌지우지되지 않는다는 것을 알고, 자신의 삶에서 주체성을 잃지 않도록 한다면 언제나 희망은 있다고 생각합니다. 우리가 삶이 본질을 지향할 때 결국 남는 것은 '너와 내가' 손을 잡고 함께 가는 모습뿐일 것입니다.

## 현실, 꿈을 잉태하는 곳

대학에 입학할 때만 해도 저와 친구들은 다들 꿈에 부풀어 있었고 자기 자신을 자랑스러워했습니다. 그런데 점점 시간이 갈수록 예전의 열정은 온데간데없이 의기소침해지고 한숨만 늘고 있습니다. 젊지만 '삶이 불안한' 저희들에게는 계속 자신을 믿고 가치를 지키며 나아가도록 힘이 될 수 있는 교수님의 말씀이 절실합니다.

아주 원론적으로 말해서 스스로 '왜 사는가?'라는 질문을 끊임없이 던져야 한다고 생각해요. 자기 분야가 순수과학이든 인문이든 예술이든, 혹은 직업이 어떻든 위치가 어떻든 자기 삶에 계속 질문을 던져야 합니다. 동시에 내가 처한 현실을 직시할 수 있어야겠죠. 인간은 혼자가 아니라 나와 너, 우리, 나아가 사회와 함께 존재하기 때문입니다. 순수한 꿈을 지닌 사람들 중에는 간혹 그 아름다운 꿈에만 머문 채 나와 세상의 '사이間'를 직면하지 않으려고 하는 사람들이 있는데 이는 옳지 않습니다. 내 삶의 의미와 더불어 내가 지금 두 발로 서 있는 환경에서 긍정적이건 부정적이건 주어진 현실을 외면하지 말고 당당하게 직면하는 용기를 가졌으면 합니다. 그렇게 직면하는 지점에서 꿈과 희망을 현실로 이루어 내는 터전이 형성됩니다. 꿈을 소중하게 간직하되 내가 처한 현실에 대한 직면이 동시에 진행될 때 그 꿈은 자신의 모습으로 자신 안에서 점점 구체화되리라고 생각합니다.

꿈이 태어나는 곳은 결국 현실이군요!

맞습니다. 꿈을 현실에서 실현하여 삶을 충만하게 만들기 위해서는 현실과 자기 자신의 모습을 바로 직면하려는 용기가 필요합니다.

서울대학교의 학생들은 어쩌면 가장 고분고분하게 살아온 사람들이 아닐까요? 모두가 바라는 대로, 시키는 대로 잘해 왔고, 그만큼 좋은 자녀, 좋은 학생의 역할을 잘해 와서 서울대학교에 입학했을 겁니다. 이렇게 흔히 모범적이라고 하는 가치를 추구하는 젊은이들에게 꼭 필요한 것은 무엇일까요?

사실 개개인의 선택에 대해서는 뭐라고 말하기가 어렵죠. 누구나 자신의 선택에 책임을 지며 살아가는 것이니까요. 내가 말하고 싶은 것은 '생명의 본질을 느낄 수 있는 삶'이 무엇인지에 대해서 한 번쯤 생각해 보라는 겁니다. 수많은 관계 속에서 무엇이 될지 모르는 그 불확실성은 미래에 대한 불안이 아니라 오히려 설렘입니다. 하지만 그 설렘이라는 것은 동시에 불안정성을 의미하기 때문에 평균적인 삶을 선택했다고 해서 결코 비난할 수는 없습니다. 다만 삶의 안정성이 주는 편안함과 안락함의 대가로 잃어버린 것을 찾고자 한다면 그 출발은 '빚을 졌다는 것에 대한 인식'에서 시작되어야 한다고 생각합니다.

사람은 누구나 이웃과 주변 생명들에게 빚을 지고 있습니다. 존재한다는 그 자체로 빚을 진다는 뜻이기도 합니다. 그렇기 때문에 특정 사회에서 어느 정도 안정이 확보된 삶, 다시 말해

표준적인 삶을 살아가고 있다면 앞으로 주변과의 또 다른 연대와 참여를 생각해 봐야 할 것입니다.

## 수의학의 시선으로 바라본 통합적 세계

그럼 이번에는 교수님이 몸담고 계시는 '수의과'에 대해 여쭙고자 합니다. 수의과는 어떤 곳인지요?

수의과는 누가 뭐래도 생명을 다루는 곳입니다. 생명을 치료하고, 생명의 가치를 소중하게 여기는 분야죠. 결국 수의학의 본질은 생명입니다. 나아가 그 생명과 함께하는 길을 끝없이 모색하는 것이라고 생각합니다. 이는 경제적 측면에서 '축생'이라고 하는, 다시 말해 생명을 자원화하는 것까지 연결되어 있습니다. 그래서 나는 이제부터라도 우리 사회가 진정한 생명의 가치에 눈을 떠야 한다고 생각합니다. 아직까지 수의과는 생명의 가치적 측면과 자원적 측면 양쪽에 다 걸쳐 있는 탓에 동물을 자원화하는 것에 무조건 부정적인 입장도 아닌 게 사실입니다. 하지만 제자들은 그런 선택의 과정 속에서 생명의 가치가 어떻게 우리 사회에서 긍정적으로 구현될 것인가에 대해 늘 고민하는 수의학도가 되었으면 합니다. 그리고 우리 사회가 발전하고 진보할수록 생명과 생태에 대한 인식도 함께 커지리라 믿습니다. 다시 말해, 수의학 분야가 지닌 경제적 가치 이면에 생명의 가치와 의미, 그리고 역할에 대한 인식도 점점 증진될 거라는 뜻이죠. 만약 학생들이 자칫 전문직으로서 수의사의 본질적 가치와 지향점을 잊어버리고 오로지 생계 수단으로만 여긴다면 정말 슬픈 일일 것입니다.

예전에 서울대학교병원에 간 적이 있는데 분위기가 수의과대학보다 더 엄격했던 것 같습니다. 생명을 다룬다는 점에서 수의학도 본질은 다르지 않다고 생각하는데, 이 점에 대해 교수님 의견을 듣고 싶습니다.

물론 생명을 다룬다는 점에서 의학과 수의학은 다르지 않지만, 동물들과 호흡하고 그들이 살고 있는 큰 생태계까지 봐야 하는 수의학이 좀 더 통합적인 세계가 아닐까 생각합니다. 따라서 인간의 생명만을 다루는 의학과 달리 수의학은 전문직과 기술에 머무는 것이 아니라 다른 층위의 생명까지 바라볼 수 있는 학문이라고 할 수 있겠지요.

## 동물, 인간을 비추는 거울

앞서 인간과 동물이 다른 점을 세 가지 말씀해 주셨는데, 특별히 한 가지 더 추가할 것이 있을까요?

굳이 한 가지 더 말하자면 '책임'이죠. 아까 이야기한 '빚을 졌다는 인식'과 연결돼요. 사실 인간은 다른 동물들과 더불어 지구 생태계에 속한 하나의 종에 불과하지만 우리의 필요에 따라 다른 동물들을 마음대로 이용하고 갈취하며 통제하고 있지 않습니까? 그럼에도 한 가지 분명한 것은 그들 없이 우리만 존재할 수는 없다는 사실입니다. 그런 면에서 인간은 다른 종들에 대한 우월 의식을 버리고 그들에 대한 책임, 그리고 인간의 영역을 위해서 그들의 삶을 이토록 파괴하고 희생시킨 것에 대한 성찰 의식이 필요하다고 생각합니다.

우리 인간이 인간만 생각하지 않고 다양한 생명을 살펴볼 수 있다면, 즉 그들과 더불어 살아간다면 동물들이 살아가는 다양한 모습, 예를 들어 그들이 자기의 삶에 충실한 모습, 생명 그 자체에 충실한 모습 속에서 말로 표현할 수 없는 많은 것들을 느낄 수 있으리라 생각합니다. 저도 사실 고양이를 한 마리 키우는데요. 때로는 동물들이 우리의 또 다른 모습을 성찰하게 해 주는 거울과 같은 존재라는 생각이 듭니다. 우리의 모습을 성찰하게 해 준다는 그 자체만으로도 우리 인간들은 동물에게 빚을 지고 있는 것이 아닐까요?

저는 함께 사는 고양이를 볼 때마다 '내가 이렇게 사랑해 주고 잘해 주는데 고양이는 과연 내 마음을 알까?'라는 생각이 들곤 합니다. 고양이는 제 마음을 얼마나 느끼고 공감할까요? 아니, 그런 느낌이 과연 있을까요?

고양이도 당연히 느끼죠. 동물들은 주인이 먹을 것을 주면 당연히 고마워합니다. 그런데 먹을 것을 주기 때문만은 아니에요. 아무리 먹이를 준다 해도 사랑을 주지 않는 주인에게 동물은 결코 친근감이나 편안함을 느끼지 않습니다. 오히려 두려워합니다. 단순히 먹이만 주면 동물의 마음을 살 수 있다고 여기는 것은 인간의 오만이자 동물을 무시하는 태도입니다. 사실 예전에는 이런 태도가 일반적이었죠. 데카르트만 하더라도 동물을 기계로 보았지 생명으로 보진 않았거든요. 물론 시간이 흐르고 연구가 진행되면서 그런 시각은 거의 사라졌지만요.

결론을 얘기하자면 우리가 일상에서 동물들을 진심으로 대할 때 그들도 분명히 그 마음을 느낀다는 것입니다. 때론 먹이를 주지 않아도 이 사람이 진정 나와 함께하는 생명체인지, 아니면 먹이는 주지만 나를 못살게 굴고 핍박하는 존재인지 등 주인과의 관계에 대한 인식은 분명히 갖고 있습니다. 물론 동물도 넓게 보자면 곤충부터 시작해서 그 범위가 상당히 넓어 모두 일반화하기엔 무리가 있습니다만, 우리와 교감할 수 있는 동물들이 생각보다 훨씬 많다는 사실을 알았으면 합니다. 결국 생명이라는 것은 모두 느끼지 않겠습니까?

## 이런 인간 같은 놈!

은어나 욕설 중에 '새대가리, 늑대 같은, 개돼지만도 못한'처럼 동물을 비교 대상으로 하는 말들이 많습니다. 이에 대해서 교수님께서는 어떻게 생각하시는지요?

늑대나 개는 흔히 나쁜 사람들을 욕할 때 비속어로 사용되는

데, 사실 말도 안 됩니다. 개나 늑대는 자기 욕심 때문에 다른 사람을 해치거나 속이지 않아요. 그러니 그런 욕설들은 참 잘못된 말입니다. '개 같은'이라는 말보다는 차라리 '개보다 못하다'고 하거나, '인간 같은 놈'이라고 해야 정확한 표현이겠지요? 그래서 나는 그런 말을 쓰는 사람들에게 농담 반 진담 반으로 '인간 같은 놈'으로 바꿔 사용하라고 알려 준답니다. (웃음) 사실 새들도 우리가 생각하는 것보다 머리가 훨씬 좋습니다. 심지어 물고기도 지능이 뛰어납니다. 흔히 덜 떨어진 사람이라는 표현으로 물고기를 들먹이기도 하지만, 물고기들도 사실은 도구를 사용합니다. 어떤 물고기는 조개를 깨 먹기 위해 돌을 입에 물고 와서 뿜어 낸 다음 조개껍질을 탁 하고 깨뜨립니다. 새들은 또 어떻고요? 예를 들어 벌레를 잡아 놓고서는 바로 먹지 않고 잎사귀 같은 곳에 살짝 놔두는 새가 있습니다. 그럼 그 벌레를 먹으려고 물고기가 달려들겠죠? 그때 새는 그 물고기를 사냥합니다. 이렇듯 인간의 좁고 편협한 시야로는 볼 수도, 알 수도 없는 일들이 세상 곳곳에 얼마나 많은지 상상도 못 할 겁니다.

인간이라는 동물은 자신들이 지구상에서 가장 번성할 수 있었던 까닭이 인간 두뇌의 힘, 이성의 힘 때문이라고 생각해요. 하지만 인간의 이성만을 기준으로 새와 물고기, 개와 늑대를 바라보는 것 자체가 사실은 난센스입니다. 동물은 인간과 전혀 다른 기준 체계와 가치를 담고 있는 생명들이거든요. 따라서 인간이 발달시킨 이성 자체가 이 모든 것을 통제하고 이용할 수 있다는 생각은 편협한 사고방식이에요.

이 세상의 모든 생명은 각각의 체제를 지니고 있으며 결코 인간의 기준으로 비교되거나 평가될 수 없습니다. 모두가 독립적이며 존중되어야 할 존재들이죠. 우리는 종종 모든 것을 이해하고 있다고 생각하는데, 이는 철저히 인간의 관점에서 이해한 것일 뿐입니다. 그런 면에서 수의대 역시 넓은 관점으로 보면 인간의 한계가 드러납니다. 우리는 동물을 치료한다고 하지만 사실 인간의 관점에서 치료할 뿐이기 때문이죠. 그래서 수의학도들은 그러한 치료가 옳지 않을 수도 있다는 것을 늘 염두에 두어야 합니다. 단순히 외과적인 것을 넘어 심리적인 것까지 말입니다. 그리고 무엇보다도 동물과 함께하는 시간을 많이 만드는 것이 가장 중요합니다. 아니면 동물에게 친구를 만들어 주는 것도 좋은 방법이겠죠. 중요한 것은 인간의 기준에서 벗어난 시선으로 세상을 보는 것입니다. 그럼 인간의 기준에 갇혀 있을 때는 보지 못했던 세상이 보일 겁니다. 우선 길거리에서 흔히 볼 수 있는 동물들을 마음 깊이 인정하고 새로운 관계를 만들어 갈 수 있다는 열린 마음으로 대해 보세요.

 **연구실을 나서며**

　인간은 이성이라는 무기를 지니고 있다. 그러나 중요한 선택을 할 때 이성만으로 결정하지는 않는다. 예컨대 배우자를 선택할 때 당신은 상대가 살아온 삶의 이력서를 받아 보고 그 사람과 결혼할지 말지 결정할 것인가? 우희종 교수님과의 만남 후에 사실 세상 모든 것의 본질은 다르지 않고 모두 하나로 이루어져 있는 것이 아닐까 생각해 보았다. 즉, 서로 평등하게 통해 있고 연결되어 있는 것이다.
　그동안 나 자신에게만 향해 있던 시선을 이제 내 곁에 있는 다른 생명들에게로 옮겨 보자. 혹시 아는가? 그 순간 내 고민이 함께 술술 풀려나갈지.

## 자하연

"서울대학교에서 이벤트가 가장 많이 열리는 곳은 어디일까?"

"근처 카페에서 아이스크림이나 갓 구운 와플을 사 와서 잠시 앉아 쉴 만한 곳은 어디일까?"

"누군가를 기다리는 동안 우연히 야외 공연을 볼 수 있는 곳은 어디일까?"

"학생들이 가장 많이 거쳐 가는 곳은 어디일까?"

답은 '자하연'이다. 자하연은 인문대학을 중심으로 모든 대학이 연결되는 중심부에 위치해 있다. 그래서 학생들은 하루에도 몇 번씩 이곳을 지나치게 된다.

이 공간은 정말 매력 있다. 우선 자하연에 있으면 다양한 광경을 엿볼 수 있다. 커피 한 잔 들고 연못 근처에 멍하니 앉아 있다가 수업 시간에 늦어 질주하는 학생들, 달달하게 썸을 타는 학생들, 여름이면 냉면을 시켜 놓고 친구들과 수다를 떠는 학생들까지. 잠시나마 물끄러미 그런 광경을 바라보는 재미도 의외로 쏠쏠하다.

어디 그뿐일까? 자하연의 진짜 매력은 바로 이곳이 학생들의 특별무대라는 데 있다. 교내의 다양한 동아리들이 이곳에서 앞다퉈 공연을 펼치는가 하면, 특별한 날에는 음대에서 마련한 오케스트라 공연도 감상할 수 있다. 강의를 앞둔 교수님이나 학생들이 시계와 공연을 번갈아 보며 아쉬워할 만큼 아름다운 선율이 흐를 때도 많다. 이곳에서는 택시 기사님, 버스 운전기사님, 배달부 아저씨, 견학 온 학생들 모두가 관객이 된다.

자하연의 공연들은 매번 뜨겁고 신선하고 아름답다. 이들은 어떤 이유도, 목적도 없이 순수하게 공연을 펼

친다. 사실 우리 삶에 필요하고 정말 중요한 것들은 견적서를 보고 고르지 않는다. 첫눈에 사랑에 빠진다. 이유를 따지거나 찾지도 않는다. 왜? 이미 사랑에 빠져 버렸으니까. 자하연도 그런 곳이다. 많은 사람들이 왜 다시 이곳을 찾을까? 이미 사랑에 빠져 버렸으니까.

### 사심 없는 짤막 정보 하나!

자하연에 붙어 있는 작은 카페가 있다. 거기서 꼭 '컵속아'를 달라고 해 보길 바란다. 값도 싸다. 그리고 먹어 보라. 개인에 따라 차이가 있을 수는 있겠지만 나는 이것 때문에 스트레스를 잊은 적이 많았다. 겨울이면 와플도 시도해 보길 바란다. 갓 구운 와플 표면에 사과 잼과 생크림, 초코 잼이 녹아내리며 혀를 향해 달려든다. 역시 잠시나마 행복해진다. 물론 나만의 생각이다. 그렇지만 아무리 생각해 봐도 맛있다.

(컵속아란 '커피 속 아이스크림'의 줄임말이다.)

# 인생이라는
# 이름의 무대

자연과학대학 수리과학부
**김홍종 교수**

김홍종 교수는 서울대학교 수학과를 졸업하고 동 대학원에서 석사 학위를 받았다. 이후 미국 캘리포니아 버클리 대학교에서 수학 박사 학위를 받았다. 현재 서울대학교 자연과학대학 수리과학부 교수로 재직 중이며, 대한수학회 회원이다. 지은 책으로는 《현대수학입문》(공저, 2000), 《과학으로 수학보기, 수학으로 과학보기》(공저, 2005), 《문명, 수학의 필하모니》(2009) 등이 있다.

 ## 연구실에 들어서며

흔히 학문에는 경계가 없다고 한다. 나는 김홍종 교수님과의 만남에서 정말 그 경계가 보이지 않을 때가 있다는 사실을 체감했다. 김홍종 교수님은 서울대학교 자연과학대학 수리과학부 교수님이다. 나는 학과 이름만 듣고서 '분명 날카로운 느낌의 분이겠구나' 하고 상상했고 그런 까닭에 나름 긴장도 했다. 그래서 나는 교수님과의 약속 시간보다 1시간 먼저 근처 카페에 도착해 교수님을 기다리면서 옷매무새를 가다듬으며 만남에 대비했다.

그런데 맙소사! 이날 교수님과의 대화에서 '숫자'가 나온 것이라곤 마지막에 "벌써 시간이 이렇게 됐네?"가 전부였다. 우리는 수학이 아닌 삶의 이야기를 나누었고, 철학의 세계를 산책했다. 게다가 만남의 장소도 연구실이 아닌, 학교 앞 작은 중국집 '만리장성'이었다. 시작부터 심상치 않았던 셈이다.

첫 만남에 교수님은 대뜸 술부터 제안하셨다. '아니, 술이라니!' 처음 편지로 면담을 요청할 때 교수님께서는 이미 내가 어렵게 교수님들을 만나고 다닌다는 사실을 알고 계셨던 게 아닐까? 까다로운 일정과 거듭된 거절 등 쉽지 않았던 상황을 짐작하셨던 것일까? 그래서 이 젊은 학생에게 푸짐하게 밥이라도 먹이고 싶어서 연구실이 아닌 중국집을 선택한 것은 아닐지……, 생각이 여기까지 미치자 마음이 찡해 왔다.

  뜻밖의 알코올 기운으로 가슴이 더워지자 나는 교수님께 이번 소울대학교 프로젝트를 시작하게 된 동기와 경위에 대해 간략하게 설명했다. 교수님은 한 마디, 한 마디에 귀를 기울이시더니 한참 뒤에 말씀을 시작하셨다.

## 나는 정말 '나'일까?

언제나 그렇지만 대체로 남한테 배우고 싶거나 또는 배움을 찾기 위해서 대부분의 사람들이 물어도 보고, 여기저기 돌아다녀 보기도 하지. 전에 내가 우연히 그런 사람들 중 한 사람을 만나서 이런 이야기를 해 줬어. '별 소용이 없다'고. 아무리 찾아다녀도 소용없어. 답은 거기서 나오는 게 아니라 자신이 이미 가지고 있는 것, 자기 내면에 잠재되어 있는 것들을 밖으로 꺼내야 나와. 거기서 진정한 본질이 탄생하거든. 그런데 이런 것을 밖에서 찾으려고 하니 잘 안 될 수밖에. 물론 방랑이나 방황이라고 볼 수도 있겠지. 하지만 이미 자신이 가지고 있는 소중한 것들의 가치는 왜 모르는지 안타깝더라고. 딴 데서 찾아봐야 절대 나오지도, 만날 수도 없는 그 가치를 말이야. 대부분의 사람들이 얻고자 하는 것들은 사실 전부 내 문제에서 시작되고 끝이 나게 되지.

결국 '나'라는 정체성을 정확히 볼 수 있어야 해. '나의 정체'가 뭐라고 생각해? 물리적으로 나라고 주장하는 지금 내 몸의 껍질을 보면, 10년 전 껍질과 똑같을까? 예를 들어 10년 전의 손톱이 지금도 그대로일까? 당연히 아니지. 우리가 매일 먹는 밥도 피가 되고 살이 되어 매 순간 새롭게 바뀌고 있을 거야.

결국 모든 것은 끝없이 변화한다는 말씀인지요?

맞아. 적어도 물질적으로의 '나'는 끝없이 변화하는 대상이지. 국가도 마찬가지야. 과거에는 신하가 임금에게 충성했지만 지금 대통령은 지도자인 동시에 비난의 대상이 되기도 하잖아. 역시 같은 것이 없는, 어쩌면 정체성 자체가 애매한 새로운 시대야. 서울대학교도 마찬가지였어. 예전엔 정부가 서울대를 미워한 나머지 '서울대 죽이기'라는 말까지 나온 시절이 있었어. 그런데 지금은 그렇지 않잖아. 보통 많은 사람들이 지금의 내가 '나'라고 생각하는데, 종교나 철학에서 첫 번째로 말하는 것이 있어. '이것은 내가 아니다'라는 말이지. 내가 그동안 알고 있던 껍데기, 즉 '나'라고 생각했던 존재가 사실은 내가 아니라는 부정과 내려놓음에서 모든 것이 시작하는 거야. 그러고 나면 다음 질문이 시작되지. '그럼 나는 뭔가? 누구인가?' 하는 질문 말이야. 자, 지금 여기 무대가 하나 있다고 치자.

## 인생극장

흔히 인생을 무대에 비유하곤 해. 우리는 모두 태어나서 죽을 때까지 인생이라는 무대에 오르게 되지. 싫든 좋든 무대 위에 올라서 온갖 고생도 해 보고, 희로애락과 숱한 경험을 해 가면서 배우로 살아가는 거야. 때로는 행인 역할을 할 때도 있고, 거지 역할을 할 때도 있어. 그런가 하면 제법 폼 나는 역할을 맡기도 해. 제법 높은 자리에 오르기도 하고 뒤끝이 안 좋을 수도 있지. 아무튼 중요한 건, 내가 이 역할도 할 수 있고 저 역할도 할 수 있다는 거잖아. 배우의 입장이 되어 보면 자신이 할 수 있는 역할이 생각보다 많다는 걸 알게 돼. 그런데 우리 주변의 많은 사람들은 그렇게 생각하지 않아. '나는 이 역할만 하게 되어 있고, 또 이 역할만 하면 돼'라는 식이야. 다시 말해서 자신의 개성이나 자존심, 환경, 특징에 맞게 반드시 이 역할만 해야 한다고 생각하지. 그런데 정말 그럴까? 사실 우리는 세상의 모든 역할을 다 할 수 있지 않나? 우리 모두 배우에 불과하잖아. 선한 역할뿐만 아니라 때론 악한 역할도 할 수 있고, 억울한 역, 슬픈 역, 기쁜 역 모두를 소화해 낼 수 있는 자질을 가지고 있지.

문제는 우리의 고정관념이야. 모두가 '나는 나'라는 생각에 갇혀 있거든. 내가 생각하는 지금의 '나'가 진짜 자기 자신이라고 믿는 거야. 스스로 캐릭터를 영원히 고정해 버린 셈이라고 할까? 그래서 '나는 반드시 이래야 해', '나는 꼭 그렇게 행동해야 해'라는 생각이 딱딱하게 굳어 있지. 이런 고정관념은 공부하면 할수록, 배우면 배울수록 더 단단해지는 경향이 있어. 스스로 만든 관념의 벽돌로 세상과 담을 쌓는 거야.

배우고 공부할수록 더 고착화되는 까닭이 무엇일까요?

그러한 고정관념이 자기를 보호해 준다고 믿기 때문이지. 담을 단단히 쌓아야 내 명예를 보호할 수 있고, 담을 높이 쌓아야 내 재산을 보호할 수 있다고 믿는 거야. 그래서 어떻게 해서든 자신의 배역을 유지하려고 더 담을 쌓는데, 사실 정말 중요한 것은 그 담을 허물지 않는 한 결코 볼 수 없는 것들이 세상에 너무도 많다는 거야. 결국 스스로 쌓은 담이 오히려 자신을 장님으로 만드는 장애물로 작용하는 셈이랄까?

많이 배운 사람도 있고 돈을 많이 번 사람도 있겠지. 또 누구는 명예, 누구는 권력을 얻었을 거야. 그런 자들이 자신이 번 돈, 갖고 있는 명예, 권력을 보호하기 위해서 스스로 만든 관념이라는 보호막을 쫙 깔아 놨다고 생각해 봐. 밖에서 아무리 찌르고 다가가고 이야기해도 통 먹히지 않아. 비단 우리나라뿐만 아니라 전 세계가 그래. 결국 출세라는 것은 담을 잔뜩 쌓아서 자신을 보호할 능력이 높아졌다는 건데, 결국 이런 담 쌓기는 '나'와 '세상'의, 혹은 '나'와 '다른 가능성' 사이의 담 쌓기 과정이 돼 버리지.

## 서로 섞여서 살아가는 것

자, 다시 '나는 무엇인가?'란 질문으로 돌아가 볼까? 생물의 본질이 뭐라고 생각하나?

혹시 세포나 DNA 같은 것입니까?

보통 생물의 중요한 특징들 중에서 첫 번째로 신진대사를 꼽곤 하지. 신진대사가 뭔가?

　먹고 소화하고 배설하고…….

　그렇지. 소화하고 흡수하고 배출하는 것, 쉽게 말해서 내가 먹은 밥이 나를 이루는 걸 말하는 거야. 내가 동물을 잡아먹으면 동물이 내가 되고, 나는 그것을 배설하고, 혹은 내가 호흡을 할 때면 남의 숨이 내 숨이 되고 그 숨이 누군가의 숨이 되는 것 말이지. 이렇게 보면 사실 우리는 호흡에서부터 이미 세상 모두와 한데 섞이게 되는 셈이야. 식물이 낮에는 산소를 내놓고 밤에 다시 산소를 빨아들이는 것처럼. 그래서 나는 생물의 특징은 '서로 섞이는 것'이라고 생각해. 즉, 주거니 받거니 하면서 세상 모든 것과 섞이는 것이 바로 생물의 특징이란 이야기야.

　자, 그럼 '나는 무엇인가?'라는 질문에 대답할 말이 생겼지? 답은 '내가 무엇이건 별로 중요하지 않다'야. 인간의 입장을 떠나 생물의 차원에서 보면 '나'라는 개인의 특수성이나 정체성은 그다지 중요하지 않아. 왜냐하면 '나'와 '너'가 다르지 않거든. 내가 너고, 네가 나야. 모두가 섞여 사니까. 좀 당황스럽겠지만 사실 이런 생각은 아마 철학이나 종교에 몸담은 사람들에게 비교적 익숙한 주제일 거야.

　경계를 이루는 담이 없어진 셈이네요.

　그래, 맞아. 자네도 '서울대학교란 무엇인가?'라는 화두로 많은 사람들을 만나고 있지만, 그 질문을 확장해 가다 보면 분명 개인에서 국가에 이르기까지 일맥상통하는 부분을 만나게 될 거야.

## 내려놓아야 비로소 보이는 것

예전에 경험했던 것을 하나 이야기해 줄게. 성모마리아께서 출현하신 유명한 성지가 있는데, 거기에 수녀들이 수도 생활을 하기 위해서 만든 파티마 수녀원이 있어. 요즘 거기를 숙소 비슷하게 개방하기도 해서 나도 하루 묵은 적이 있었지.

그런데 거기에는 TV고 뭐고 일절 없어. 가구라고는 작은 침대가 하나 있었고, 창문 같은 게 닫혀 있었지. 그 창문을 무심코 열어 봤더니 내 얼굴이 나오더라고. 창문 안에 거울이 있었던 거야. 그래서 그냥 확 닫아 버렸어. 하하하! 아무튼 가구며 물건이라곤 침대와 거울밖에 없는 소박한 수녀원이었지. 그리고 가이드를 따라 성모마리아께서 출현하셨다는 성지를 순례하고 왔어. 그때까지만 해도 솔직히 나는 종교들이 서로 다르다고 생각했어. 유대교의 유일신, 가톨릭의 유일신, 이슬람교의 유일신……. 그런데 사실 그 종교들은 모두 훌륭하다는 공통점을 가지고 있더라고.

지금 자네가 품고 있는 '서울대학교란 무엇인가?'라는 질문이며 '나는 무엇인가?', '국가는 무엇인가?', '믿음이란 무엇인가?'

같은 질문들도 결국 그 뿌리가 다르지 않고, 넓게 보면 모두 같아. 그런데 서울대학교를 이해하고 바라보는 데 제일 큰 방해가 되는 것이 하나 있어. 그게 뭘 것 같아?

잘 모르겠습니다. 그게 무엇입니까?

바로 서울대학교야. 나를 이해하는 데 가장 큰 방해가 되는 것이 바로 나인 것처럼 말이지. 알고 싶지만 너무나 소중해서 잡고 있는 무언가인 거야. 그런데 사실 그놈을 놓아야만 그놈이 바로 보이고 세상이 바로 보이거든. 세상의 이치라는 것이 그래. 많은 사람들이 헤매면서 '나는 열심히 살고 있는데', '노력하는데' 왜 안 보이냐고 해. 그런데 놓아야 보이지! 그때 비로소 보이는 거야.

그나저나 술병이 이제 거의 바닥이구나. 사실 술은 우리 행동을 비정상적으로 만들 때도 있다는 단점이 있지만, 장점도 있다고 생각해. 그중 가장 큰 장점이 바로 '내가 나라고 생각하는 방어막을 허무는 것'이야.

## 백견불여일보

교수님을 뵙기 전에 저는 먼저 이메일로 인사를 드렸고 다른 교수님들께도 그렇게 했습니다. 저희들에게 이메일과 문자는 만남을 위한 필수적인 도구니까요. 그런데 교수님 세대의 소통 수단은 지금과 달랐을 것 같습니다.

마침 이야기를 잘 꺼냈네. 사실 이메일이나 문자가 꼭 필요한 세상이긴 하지만 그것이 한 존재와 다른 존재의 만남을 위한 가장 이상적인 방식은 아니라고 생각해. '백문百聞이 불여일견不如一見'이라는 말이 있잖아. 백 번 듣는 것보다 한 번 보는 것이 낫다는 말인데, 사실 여기서 '견見'은 '보다'라는 뜻보다는 '다니다'라는 뜻으로 봐야 해. 여기저기 찾아다닌다는 뜻이지. 옛날엔 뭘 보거나 누굴 만나려면 두 발로 다녀야 했거든. 그러니까 백문이 불여일견이란 말을 요즘 식으로 하면 '백견百見이 불여일보不如一步'가 되는 셈이야. 백 번 보는 것보다 한 번 가는 게 낫다는 뜻이지. 그러니까 이메일이나 문자 같은 게 사실 자네가 하는 연구에서 가장 좋은 방법은 아닐 수도 있어. 왜? 발이 움직이지 않았기 때문이지.

세상의 모든 공부는 발에서 시작돼. 사람들은 무의식중에 발을 무시하곤 하는데, 사실 공부는 눈이 아니라 발이 하는 거야. 진짜 공부를 위해서는 반드시 다녀야 한다는 것, 이건 예나 지금이나 마찬가지야. 사람들은 편의를 위해서 혹은 시간을 아낀다는 핑계로 이메일을 보내거나 전화, 문자로 끝내곤 하는데 그게 반드시 최선의 방법은 아니야. 직접 다녀야 볼 수 있는 것이 세상에는 정말 많아. 그래서 공부의 기본은 눈이 아니고 손도 아니고 발이야. 그러니까 발 무시하지 마. 잘 생각해 봐. 외국이나 어딘가에 가서 눈으로 볼 수 있는 건 사실 발이 다니기 때문이지. 우리 같은 구세대들은 손으로 쓴 편지 혹은 우표가

붙은 편지가 좋지, 이메일에는 별로 정이 가지 않더군. 그래서 이메일 같은 방법으로 연락을 하면 답이 오지 않을 가능성이 높아. 당연한 이야기지만 사람의 정성이나 온기가 느껴지지 않기 때문이지.

## 거리, 세상을 다르게 보는 관점

거리와 관련해서 하나 더 이야기할게. 우리는 흔히 사람들을 평할 때 '대단하다', '위대하다'라는 표현을 쓰곤 하잖아. 그런데 이런 표현도 사실 '거리'와 관련이 깊다고 볼 수 있어. 가령 그 사람을 얼마나 멀리 떨어져 보느냐, 혹은 얼마나 가까이에서 보느냐에 따라 판단이나 평가가 달라질 수 있다는 말이지. 자넨 인간을 구성하는 물질 중에 뭐가 가장 많다고 생각해?

인체의 70%는 물이라고 배웠습니다.

그래, 그것도 맞는 말이지. 우리는 흔히 원자가 모여서 분자가 되고, 그 분자가 모여서 만들어지는 것이 물질이라고 생각하니까. 분자의 입장에서 인체 구성 물질 중 물이 가장 많다는 말은 맞아. 그런데 원자의 입장에서 보면, 그리고 그보다 조금 더 깊숙한 곳에서 보면, 수소 입자 사이의 진공상태를 보게 돼. 무슨 뜻이냐 하면, 물질의 최소 단위를 향해 끝없이 들어가 보면 사람은 대부분 진공상태라는 이야기지.

결국 사람이 다른 사람을 알고, 대상을 안다는 것은 한편으로 어떤 시각에서 그 대상을 보았는지, 이른바 눈높이와 깊이에 따라 다른 거야. 내가 무식하면 작은 것만 보이고, 내가 높이 서서 바라보면 멀리까지 보이듯이 말이지. 그럼 왜 열심히 공부하겠어? 더 많은 영역을 보기 위해서야. 그런데 사는 게 힘들다는 이유로 아무것도 하지 않고 밑에서 헤매고 있으면 결국 아무것도 못 보게 되지 않을까?

그렇다면 세상의 다양한 분야나 전공, 사람들이 종사하는 영역마다 눈높이와 깊이, 방향이 다 다를 텐데, 여기에서 교수님의 전공인 수학의 가장 큰 매력은 무엇이라 생각하시는지요?

수학의 가장 큰 매력은 '발견하는 기쁨'이 아닐까? 우리가 '다르다'고 생각하던 것들이 사실은 '같다'는 것을 발견했을 때 얼마나 기쁘겠어? 그래서 수학에서는 등호=를 첫째가는 서술 기호로 여겨. 어쩌면 수학의 제일 명제는 아폴로 신전에 쓰여 있던 "너 자신을 알라"라고 말할 수 있을 거야. 나를 발견하는 것이야말로 가장 큰 기쁨이자 가장 중요한 거니까. 이런 의미에서 수학은 '감성과 이성의 학문'인 셈이지. 그래서 내가 평생 사랑하는 학문이고.

이 '발견하는 기쁨'이라는 매력은 공부하는 사람 개인의 것일 수도 있지만, 사회적인 면에서 또 다른 매력을 부각시켜. 수학의 세계에서는 남의 생각을 강요하지 않고, 부적절한 사상으로 남들을 선동하지도 않고, 그럴듯한 것을 그렇다고 단정적으로 말하지도 않거든. 그래서 수학을 정직한 학문이라고 하는 거야. 또 본인이 스스로 확인하고 인정할 수 있는 능력을 키워 주는 학문이기도 하고. 결국 복잡한 세상에서 헤매지 않고 옳은 길을 갈 수 있는 능력을 배양하는 학문이라 할 수 있지. 그래서 수학에서 사용하는 모든 언어는 매우 정교하고 보편적이야. 이 보편성은 분수에서 나오는 물의 모습이나 태양 주위를 도는 행성들의 모습을 같은 원리로 설명하고, 나아가 인공지능이나 우주, 생명을 논할 수 있게 하지.

그렇다면 현대사회에서 수학이 가지는 '비전'은 무엇일까요?
역사적 관점에서 보면 인류가 어리석음에서 벗어나기 위해 다양한 경험과 발견이 필요했고, 그 과정에서 수학이 엄청난 역할을 했지. 무엇보다 과학 발전에서 수학의 비중은 가히 절대적이라고 할 수 있어. 물론 현재와 미래에도 수학의 비중은 변하지 않을 거야. 그렇다면 오늘날 수학의 역할 혹은 비전은 무엇일까? 글쎄, 질문도 거창하고 대답도 한두 가지가 아니겠지만, 지금은 '다양성'이라는 말이 먼저 떠오르네.
수학은 무수한 가능성과 다양한 접근법으로 이루어진 학문이기 때문에 끝없이 시야를 넓힐 수 있어. 다시 말해 수학은 '세상을 다르게 보는 관점'이고, 바로 이 점이 수학의 매력이자 비전이지. 많은 사람들이 사회를 보는 시각은 매우 협소한 편이잖아. 하지만 사회 역시 개개인의 편견을 버리고 다양성의 시각으로 볼 수 있다면 더 많은 길이 열릴 거야.

## 다시 태어나는 '변태'의 순간

우리 젊은이들에게 들려주고 싶은 또 다른 이야기가 있어. 오비디우스가 쓴 《변신 이야기Metamorphoses》라는 책에 대해서야. 이 책은 많은 출판사에서 번역돼서 서점에서 쉽게 찾아볼 수 있는데, 사실 변신을 원래 뜻대로 번역하면 '변태'야. '변태'를 국어사전에서 찾아보면 1번 뜻으로 '본래 형태가 변하여 달라지거나 그런 상태'라고 나와. 우리말에 '다시 태어난다'는 말이 있잖아. 그 말이 곧 변태인 거야. 그런데 우리는 대개 '정상이 아닌 상태', '비정상적인 성욕이나 그런 행위'만이 변태의 뜻인 것처럼 받아들이고 있어.

기독교에서는 '변태'라는 말을 '부활'이라고 하지. 시대적으로는 르네상스야말로 '변태의 시대'라고 할 수 있단다. 모든 것이 다시 태어난다는 심오하고 멋진 뜻이지! 자넨 젊은이로서 이 문제를 어떻게 생각하나?

젊은이들이 변태할 수 있도록 더욱 노력해야 할 것 같습니다!

그렇지! 많은 사람들이 자신이 태어난 날에 생일 파티를 하지만, 사실 나는 그날보다 더욱 의미 있는 순간은 '내 영혼이 성숙하고 내 의지로 다시 태어난 시점'인 것 같아. 그렇지 않니? 태어나고 싶어서 태어난 사람은 아무도 없지만, 내가 다시 태어나고자 마음먹으면 그때는 확실히 다시 태어나잖아? 그때 알게 될 거야. 인생이라는 무대에서 그동안 번데기 같은 역할을 하고 있었지만, 알고 보니까 나는 나비였다는 것을. 단, '나는 이런 사람이다', '나는 이런 위치에 있다'는 생각을 버릴 수 있다면 말이야.

공부는 왜 하고, 돈은 왜 벌고, 예술은 왜 할까? 사실 이 중 어떤 것도 무덤에 가져가지는 않잖아? 내 생각에는 열심히 해서 다 나눠 주고 되돌려 주기 위해서인 것 같아. 그런 의미에서 오늘 내가 자네에게 해 준 이야기도 같은 맥락이야. 내가 알고 있는 삶에 대해 최선을 다해 이야기해 주고 나는 빈털터리가 되는 거지. 그럼 그 다음에 자네는 또 자네의 보따리를 다른 곳에 풀어내겠지? 딱딱한 강의실의 한계를 넘는 것, 어쩌면 그게 바로 진짜 공부야.

##  연구실을 나서며

대부분의 발견은 '신기神奇'에서 시작되었다. 사과나무 밑에서 잠들어 있던 한 청년은 머리에 사과가 떨어졌을 때 '왜 사과가 땅에 떨어졌지?' 궁금해하며 눈앞에 펼쳐진 상황이 '신기해서' 연구를 시작했다. 그리고 뉴턴의 '만유인력의 법칙'은 그렇게 태어났다. 그러나 세상의 많은 것들은 '신기'가 아닌 '신비神秘'에서 태어난다.

'빨간 사과가 땅에 떨어져 비참한 몰골로 썩는다.'

'그 속에 있던 씨앗이 땅속으로 파고든다.'

'그 작은 씨앗을 뚫고 새싹이 솟아난다.'

'그 여린 새싹이 헤아릴 수 없이 많은 사과들을 잉태할 사과나무가 된다.'

'때가 되면 그 사과나무에서 다시 사과 한 알이 떨어진다.'

이것은 신기를 넘어 신비이다. 김홍종 교수님은 내게 세상을 바라보는 '신비로운' 관점을 알려 주셨다. 교수님을 만난 후에도 사과는 땅에 떨어졌다. 그리고 나는 생각했다. 사과가 땅에 떨어지는 것은 어쩌면 당연한 일이라고.

## 단송원

미술대학 아크로고대 그리스 아테네의 아크로폴리스에서 유래한 말로 사람들이 모여 대화하는 광장이라는 뜻는 아름답기로 유명하다. 봄이면 꽃구경을 따로 갈 필요가 없을 만큼 아름다운 매화꽃이 흐드러지게 피고, 여름이면 시원한 그늘이 드리워져 학생들은 벤치에서 커피를 마시거나 얘기를 나누다가 낮잠을 자곤 한다. 가을이면 붉은 단풍과 함께 미대 학생들이 만든 흥미진진한 작품들을 감상할 수 있고, 겨울이 오면 눈부신 설경이 펼쳐진다. 또 음대가 옆에 있어서 그런지 이곳의 비지엠bgm 역시 보통이 아니다. 이런 점들 때문에 아크로는 많은 사람들에게 사랑받다.

우연히 지나는 척하면서 아름답고 멋진 음대생, 미대생들과의 특별한 인연을 꿈꾸는 학생들도 있다. 그래서인지 걸어서 30분이 훌쩍 넘는 거리에 있는 공과대학 학생들도 적잖이 이곳을 찾는다. 물론 나라고 마음이 백구처럼 하얀 것은 아니지만……! 어쨌든 이곳은 걷는 것 자체로 즐겁고, 앉아 있는 것 자체로 에너지를 얻는 곳임이 분명하다. 아마 당신도 이곳에서 커피 한 잔을

홀짝거리는 순간 느끼게 될 것이다. '아, 이래서 미대구나!', '아, 이래서 음악이 필요하구나!'라고 말이다.

오래전 미대에 한 교수님이 계셨다. 그 교수님은 매화를 기막히게 잘 그리는 분이셨는데, 그림 속 시원하게 뻗은 가지를 따라가다 보면 눈송이처럼 촉촉하고 송골송골하게 맺힌, 어린아이의 피부처럼 투명한 매화꽃을 만날 수 있었다. 그리고 이 그림을 본 사람들은 그림에서 실제 매화꽃보다 더 진한 향기가 난다며 감탄했다.

어느 날 교수님은 학생들에게 매화 그리는 법을 알려 주기 위해 강의를 시작하셨다. 그런데 맙소사! 그림

속에는 가지가 뻗어 나가고 꽃봉오리가 맺히며, 가지와 꽃 사이에 말로는 표현할 수 없는 것들이 너무나 많이 담겨 있었다.

움이 매화 가지에서 숨죽이며 겨울을 이겨 내고 있다가 '아, 드디어 봄이구나. 이제 밖으로 나가야지!'라고 외치며 '툭' 하고 가지 밖으로 생명력 넘치게 고개를 내미는 모습, 그때 세상을 향해 뿜어내는 향기로운 숨결, 다가가면 후드득 떨어져 버릴 것만 같은 연약한 꽃잎……. 말로 표현하기 힘든 부분이 한두 가지가 아니었던 것이다.

매화 그림 안에 담긴 수많은 것들을 어떻게 설명할까 고심하던 교수님은 매화 가지 하나를 차에 싣고 출근하셨다. 행여 연약한 꽃이 후드득 떨어지거나 다칠까 노심초사하며 가지를 차 안 천장에 고정한 채 조심조심 운전하셨다고 한다. 그렇게 첫 가지가 강의실에 도착했고, 이 가지 하나로도 매화가 모두 설명되지 않자 두 번째 가지, 그리고 세 번째 가지도 등장했다.

시간이 흐른 뒤 미술대학 한구석에는 오래되고 멋진 분홍빛 매화나무가 심어졌다. 학생들은 봄이 되면 그 매화나무를 찾아가 향기를 맡아 보고 만져도 보며 매화를 그렸다. 조금씩, 조금씩 학생들의 그림에서도 매화 향기가 나기 시작했다.

이후 신기한 일들이 계속 일어났다. 분홍빛 매화나무 옆에 청매 나무가 생겼고, 머지않아 홍매 나무도 등장했다. 모두 고목古木이었고 그 모습은 하나같이 아름다웠다. 게다가 여기에 난초, 작약, 철쭉, 그리고 색색의 국화까지 생겼다.

사계절의 아름다움을 간직한 나무들은 모두 교수님이 자신의 화단에서 조심조심 옮겨 심은 것들이었다. 이렇게 사군자가 거의 다 모였나 싶었는데 딱 하나, 대나무가 보이지 않았다. 대나무만 와 준다면 구색이 다 갖춰질 텐데……. 그 화단을 바라보는 사람들마다 아쉬움이 컸다. 그러던 중 한 젊은 교수님께서 미술대학 바로 옆 건물인 음악대학 앞에 오죽, 즉 흑색 대나무 밭이 있다는 것을 발견하고 음대에 문의하셨다.

"저희가 한 그루만 키워도 될까요?"

그러나 "그 대나무들은 학장님이 아끼시는 것이라 안 됩니다"라는 답변이 돌아왔다. 결국 젊은 교수님은 발길을 돌릴 수밖에 없었다. 그런데 어떻게 된 일일까? 지금 미술대학 화단에는 그 대나무가 당당하게 자리하고 있다.

사건의 발단은 이러했다. 자초지종을 전해 들은 미

술대학 경비 아저씨께서 음악대학 경비 아저씨께 양해를 구하고(?) 밤에 몰래 한 놈을 분양해 오신 것이다. 화단에는 마침내 사군자가 모두 빛을 뿜어내며 봄, 여름, 가을, 겨울 그리고 다시 봄을 학생들과 살아갔다.

다시 10년의 세월이 더 흘러 미술대학 앞 화단의 주인공인 교수님도 어느덧 은퇴를 하셨다. 그런데 어느 날 교수님께서 현직에 있는 젊은 교수님 두 분을 찾으셨다.

"아무래도 이것도 마저 가져가는 게 좋겠어."

그것은 교수님께서 오랫동안 아끼던 괴석이었다. 젊은 교수님 두 분 중 한 분이 조심스럽게 말을 꺼내셨다.

"스승님, 그렇다면 그 화단에 스승님 이름이 새겨진 푯말이라도 만들어 스승님께서 주신 화단의 소중한 의미를 가꿔 나가야 하지 않겠습니까?"

그러자 돌아온 교수님의 대답은 단호했다. "아니야, 그런 건 알리는 게 아니야."

그래도 젊은 교수님은 "송구합니다. 그럼 제 마음대로 이름을 짓겠습니다"라며 지지 않고 외쳤다. 젊은 교수님의 집요함에 교수님은 "정 그렇다면 내가 짓도록 하지" 하고는 깊은 생각에 잠기셨다. 그로부터 며

 칠 뒤 화단에 작은 푯돌이 생겼다. 그 푯돌에는 '단송원'이라는 이름이 적혀 있었다. 화단 근처의 크고 붉은 소나무를 보고 지은 단송원이라는 이름은 화단의 풍경과 절묘한 조화를 이루었다. 그리고 그렇게 작지만 아름다운 미대 아크로 속 더 작은 단송원이 완성되었다.

 그 뒤로 계절이 흘렀고, 교수님은 새봄이 오기 전에 세상을 떠나셨다. 그 슬픔을 아는지 모르는지 단송원에는 여전히 아름다운 봄이 찾아왔다. 그런데 그 허전함이 채 가시기도 전에 교수님의 마지막 선물이었던 괴석이 사라지고 말았다. 단송원을 아끼던 이들은 "적은 우리 내부에 있다!", "정말 나쁜 ×이다", "이럴 수가 있냐?"라며 분개하거나, 괴석이 있던 자리를 멍하니 바라보는 등 충격을 금치 못했다. 하지만 그들이 사라진 괴석을 위해 할 수 있는 일은 A4 용지에 호소문을 적어 놓는 것뿐이었다.

"괴석을 가져간 분께서는 부디 제자리에 돌려주십시오. 돌아가신 스승님께서 후학들을 위해 기증하신 소중한 유품입니다."

간절함이 묻어 있는 호소문이었지만, 사실 누구도 괴석이 돌아오리라 기대하지는 않았다. 괴석은 매우 멋져서 그 가치를 알아본 안목 있는 수집가가 무거움을 감수하고 훔쳐 갔을 것이라 예상했기 때문이다.

그러나 며칠 뒤 기적처럼 괴석이 돌아왔다. 화단 구석에는 괴석을 자루째 급히 놔두고 떠난 흔적이 남아 있었다. 괴석은 어떻게 돌아왔을까? 제 발로 걸어 다니다가 오는 길에 우연히 발을 헛디뎌 자루를 뒤집어 쓴 채 그 자리에 떨어진 게 아닐까? 아무튼 괴석은 사라지기 전보다 더 귀한 몸이 되어 돌아왔다. 그래서인지 학과 사무실에서는 행여 괴석이 다시 분실될까 봐 밖에 내놓지 못했다. 그러다 이듬해 봄이 되어서야 스승의 뜻을 위해 다시 원래 위치에 모셔 두었다.

지금은 관리가 잘되지 않아 원래의 모습처럼 아름답

지도, 생기가 돌지 않을 수도 있다. 하지만 당신이 이 이야기를 들은 후 단송원을 만난다면, 원래 갖고 있던 아름다움을 느끼고 그 향기를 맡을 수 있을 것이다.

화단 푯돌의 한쪽에 이런 글이 조그마하게 적혀 있다.

"한결같은 마음으로 아름다운 뜰을 가꾸자."

# 비전으로 세상을 열어 가는 그대들에게

미술대학 동양화과
김성희 교수

김성희 교수는 서울대학교 미술대학 회화과를 졸업하고, 동 대학원 동양화과에서 석사 학위를 받았으며, 동국대학교 대학원 미술사학과에서 한국미술사로 석사 및 박사 학위를 받았다. 현재 서울대학교 미술대학 동양화과 교수로 재직하고 있다. 서울대학교 관악 학생생활관 관장, 서울대학교 미술관 관장 등을 역임했으며, 오래된 정원(금호미술관, 서울, 2004), Who am I am Who(갤러리 한옥, 서울, 2013), 젊은 모색전(국립현대미술관, 과천, 1990) 등 다수의 국내외 개인전과 기획전에 출품하였다.

 연구실에 들어서며

　김성희 교수님의 연구실은 예술복합연구동 4층에 있었다. 연구실 문을 열고 들어서니 교수님의 작품들과 빼곡한 책들이 한눈에 들어왔다. 인사를 드리고 자리에 앉자 교수님은 차를 한 잔 따라 주시고, "엊그제가 추석이었지?" 하시며 접시를 내미셨다. 접시 위에는 송편과 찹쌀떡이 가지런히 놓여 있었다. 마침 배가 고팠던 참이라 냉큼 집어 들었다. 그런데…….
　"속았죠?"
　그것은 진짜 떡이 아니라 도자기 떡이었다. 웃음이 빵 터졌다.
　웃다가 고개를 돌려 보니 검은 모자가 걸려 있는 사슴 모양의 나무 조형물이 눈에 들어왔다. 몸통은 큰 나무토막을 세로로 반 잘라 다듬었고, 긴 다리와 뿔과 꼬리는 제각기 구부러진 나뭇가지를 갖다 붙인 것이었다.
　"교수님, 저 멋진 사슴은 모자걸이인가요?"
　"딱히 정해진 용도는 없어요. 지금처럼 모자를 걸어 둘 때도 있고, 등 위에다 문서나 작은 화분을 놔 둘 때도 있는

데……, 연구실에 두기에는 좀 크지요. 솔직히 이 보물을 보호하느라 여간 신경 쓰이는 게 아닙니다. 하하."
 "그토록 신경 쓰실 만큼 특별한 작품인 건가요?"
 이 질문은 교수님과의 대화를 본격적으로 열어 나가는 열쇠 역할을 했다.

## 예술은 쓸모가 있을까, 없을까?

목조 사슴은 은퇴하신 어느 교수님의 작품입니다. 학교 조경 관리국에서 정리하고 남은 나무토막들이 있었는데 그걸 몇 년 동안 쌓아 두셨던 모양이에요. 그런데 어느 날 나무토막들이 말을 걸어오더래요. 그때부터 작업을 해서 완성한 게 바로 저 사슴이지요.

예술가는 협업을 하거나 조수를 두기도 하지만, 이 목조 사슴을 만든 경우처럼 대개는 혼자서 작업합니다. 혼자 생각하고 혼자 무언가를 생산해 내기 때문에 어떤 면에서는 흔히 말하는 1인 기업과 다르지 않지요. 좀 더 생각해 봅시다. 흔히 기업에서는 기업을 움직이기 위해서 상품을 만들죠. 기업을 움직이기 위해 만들어 낸 결과물들은 유형이든 무형이든 모두 상품입니다. 그러면 예술품은 상품일까요, 아닐까요?

상품이 아닌 것 같습니다.
상품이 아니라면……, 그럼 예술은 예술이다?

정정하겠습니다. 비용을 들여 살 수 있다는 점에서는 상품이고, 어떤 면에서는 아닌 것 같습니다.
그래요, 맞는 말입니다. 그런데 세상 대부분의 영역에서 만들어지는 상품의 핵심은 바로 현실적인 쓰임새예요. 다시 말해 필요에 의한 것, 그리고 이용 가능한 것을 만든다는 말입니다.

아무 쓸모도 없는 물건이라면 어느 기업에서도 만들려고 하지 않겠지요.

자, 그렇다면 이 목조 사슴처럼 별 용도가 없어 보이는 예술 작품은 쓸모없는 것일까요?

실용적인 면만 놓고 보면 쓸모없어 보이는 게 사실입니다. 하지만 예술가들이 아무 쓸모도 없고 이용 가능하지 않은 것을 만들기 위해 혼신을 다하는 건 아니라고 생각합니다.

그렇지요. 역사적으로 보면 예술 작품이 다양한 용도로 사용되었다는 것을 알 수 있어요. 특히 종교의 시대였던 고대, 중세에는 굉장히 많은 예술 작품을 사용했죠. 지금 우리가 대단하다고 생각하는 미켈란젤로의 작품들도 당시에는 교회를 장식하기 위해 그려진 것이듯이 말입니다. 그런데 우리가 미켈란젤로 같은 대가들을 진정한 예술가로 인정하는 이유는 그들의 작업이 주문 생산 시스템에만 따른 게 아니기 때문입니다. 그는 심지어 생명의 위험을 무릅쓰면서까지 자신과 관점이 다른 교황과 맞서기도 했답니다. 당시의 시대 상황 속에서 전개되는 독자적인 그의 시각을 예술을 통해 창조적으로 제시한 것입니다. 이러한 시각을 갖기까지는 근본적으로 예술적 기량이 높은 단계에 도달해야겠지만, 한편으로는 인문과 과학에 대한 깊은 이해와 자각이 수반되어야 합니다.

## 자율성과 자유로움의 예술

그런 뜻에서 요즘 다빈치 같은 '르네상스인'이 다시 부각되고 있군요.

그래요, 이른바 '통합형 인재'를 뜻하죠. 그래서 르네상스 이후 서양미술에서는 작가들의 지위가 이전과는 많이 달라졌습니다. 서양미술에서는 르네상스기를 거쳐 근대로 들어서면서부터 공예나 대중예술과 구분되는 순수예술Fine Art이 정립됩니다. 이후 예술은 천재들만이 할 수 있는 영감 가득한 이상적 세계에 속한 영역으로 인식되었지요.

그럼 우리가 흔히 상업미술과 대비해서 말하는 '순수미술'이라는 것도 서양미술의 그런 개념을 받아들인 결과인지요?

표면적으로는 그런 셈이죠. 근대 이후 사회 전반이 서양적 체계를 받아들였다는 점에서 보면 말입니다. 하지만 이면적으로 동양미술은 고유의 역사를 가지고 있기도 합니다. 동양문명권에서는 사실 일찍부터 순수미술의 영역이 있었어요. 예를 들어 당대唐代부터 시작해 송대宋代에 정립된 문인화文人畵가 그렇습니다. 동양문명권에서 최고의 엘리트였던 문인들은 사실 문학가이자 철학자였고, 정치가이자 예술가이기도 했습니다. 서양의 르네상스인처럼 통합형 인재였지요. 그런데 동양의 인재가 서양과 다른 점은 무엇일까요?

문인이라는 신분, 그러니까 철학자이자 정치가라는 점이 좀 다른 것 같습니다.

제대로 파악했군요. 서양의 통합형 인재가 수학, 과학 등의 영역을 중시하는 논리적 좌뇌중심형이라면 동양의 경우엔 문학과 예술을 중시하는, 즉 우뇌의 직관과 감성을 포괄하는 통합형 인재들이었지요. 문인들이 추구했던 가장 뛰어난 경지는 시詩와 글書과 그림畵, 이 세 가지 모두를 잘하는 '삼절三絶'이었습니다. 실제로 동양에서 붓을 잡았던 문인들치고 난초나 대나무 한 그루 못 그리는 사람이 거의 없었어요.

당시에는 요즘으로 치면 거의 교양필수과목에 준하는 수준으로 예술이 실행되었습니다. 문인화는 문인들 누구나 참여하는 광범위한 인재풀을 형성한 분야였지요. 그러다 보니 양에서 질이 나온다는 말이 있듯이 그 저변에서 뛰어난 문인화가들이 배출되었습니다. 동양미술사에서 보면 이 뛰어난 문인화가들은 새로운 양식이나 예술론을 창조적으로 제시했어요. 이것은 현대미술의 아방가르드적인 성향과 흡사합니다. 문인화가들이 그럴 수 있었던 것은 예술을 직업으로서의 '일'과는 다른 차원에서 인식했기 때문입니다. 사실 직업 화가들은 소속된 기관이나 구매자의 요구에 맞추어 작업해야 합니다. 하지만 문인화가들에게는 생활이 아무리 궁핍해도 그림으로 상거래를 하지 않는다는 불문율이 있었어요. 그래서 수신修身을 위한 것이든 자신이 추구하는 세계를 표현하기 위한 것이든, 아니면 오로지 스스로의 순수한 즐거움에 의해서든 예술을 실행함에 있어 철저한 자율성과 자유로움을 가지고 있었던 거지요. 사실 동양미술에서는 한 번도 순수미술이라는 용어를 쓴 적이 없습니다. 다만 예藝, 서書, 화畵 등으로 통칭될 뿐이었습니다. 그럼에도 현대의 순수미술조차 따를 수 없는 높은 경지까지 갔다고 할 수 있어요.

## 비전을 보여 주는 큰 용도로서의 예술

'용도'에 대한 이야기를 하다가 미술의 역사까지 들여다보게 됐군요. 다시 용도의 관점으로만 논한다면 예술에도 물론 다양한 용도가 존재합니다. 밖으로 드러나는 가시적 용도뿐 아니라 보이지 않는 더 큰 용도가 있지요. 너무 큰 용도여서 '그것이 과연 용도인가?'라고 느낄 수도 있습니다. 그것이 뭐냐 하면……, 바로 비전입니다!

예술은 비전을 드러내고 제시합니다. 비전에는 시각과 상상력과 세상을 파악하는 직관이 포함되며 결국 가치와 연결됩니다. 자신의 비전을 자신의 목소리로 제시하는 것, 이것이 예술을 예술답게 하는, 예술의 가장 핵심적인 용도 중 하나입니다.

예술이라는 자유로운 존재의 상태에서 드러난 비전을 접하며 세상 사람들은 많은 공감과 위안과 치유를 받습니다. 이때의 용도는 효율적인 물건 하나를 사용하는 용도와는 비교할 수가 없겠죠. 예를 들어 볼까요? 현대미술에서 비전을 가장 잘 활용한 경우가 영국의 통칭 yBa~young British artists~ 작가들입니다. 데미언 허스트~Damien Hirst~, 마크 퀸~Marc Quinn~, 트레이시 에민~Tracey Emin~, 사라 루카스~Sarah Lucas~ 등 젊은 예술가들이 1980년대 말 이후 화단에 공격적으로 등단하며 영국을 현대미술의 메카로 부상시켰습니다. 그 이면에는 컬렉터이자 딜러인 찰스 사치~Charles Saatchi~의 지원과 기획이 있었지요. 도대체 그들의 예술이 얼마나 잘 제작되었기에 그랬을까요?

제가 아는 데미언 허스트의 작품은 상어를 포름알데히드 용액에 담가 둔 것이었는데 혐오스러운 느낌도 좀 들었습니다. 자고 일어나서 지저분하고 어지러운 자신의 침대를 그 상태 그대로 전시장에 옮긴 트레이시 에민의 작품을 도판으로 보면서도 사실 이 작품들이 예술일까 하는 의문이 들었습니다.

그래요. 그들은 다양하고 자유분방한 미디어와 충격적이라 할 수 있는 방법들로 전통적 예술의 패러다임을 깨뜨리면서까지 그들의 비전을 제시했습니다. 이 비전을 보기 위해 많은 사람들이 영국을 방문하고 런던에서 공부합니다. 이들의 작품을 소장하고 싶어 하는 사람들도 아주 많죠. 덕분에 영국의 문화적 이미지는 말할 수 없이 상승했습니다.

예술을 지향하는 사람은 용기 있는 사람들입니다. 그들은 세상을 향해 자신의 비전을 적극적으로 내보임으로써 예술을 자유자재로 활용합니다. 그리고 이것은 단지 예술가에게만 국한되는 것은 아닙니다.

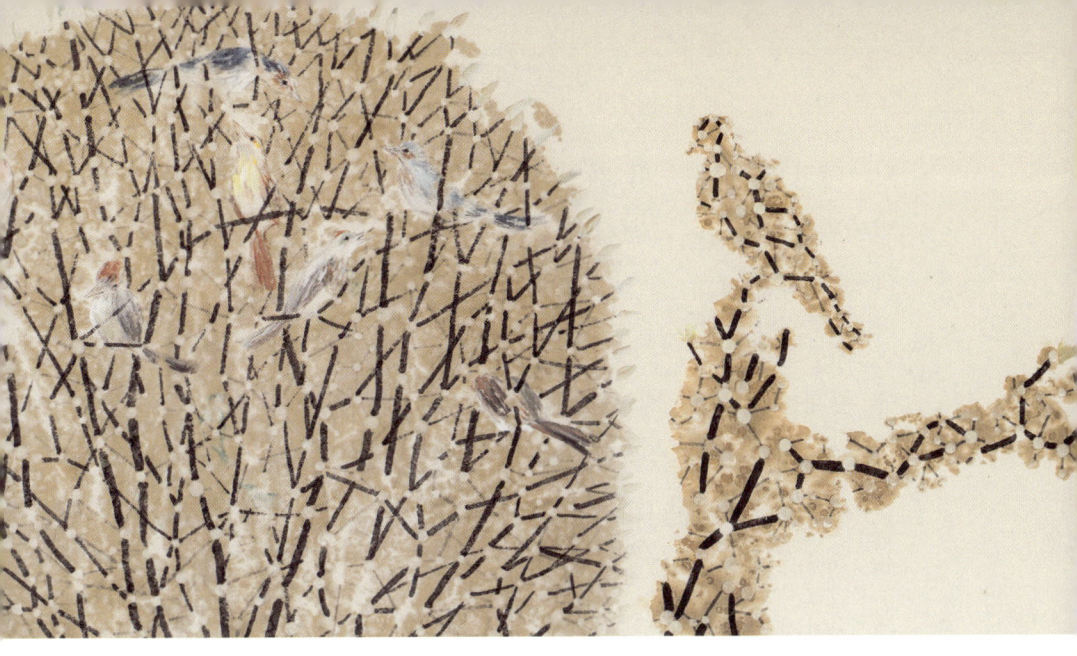

### Alone / All one

　교수님, 예술을 통해 자신의 비전을 제시한다고 했을 때, 혹시 내가 추구하는 방향을 다른 사람들은 알 수 없고 오직 나 혼자만 아는 것이 아닐까 하는 생각이 들곤 합니다. 주관적인 자기 세계에 갇힌 채 만들어진 결과물이 세상과 어떻게 소통할 수 있으며, 이 세상에 존재하는 의미는 무엇일까요?

　좋은 질문입니다. 예술가는 때로 스케치북과 화구를 들고 거리로 나가거나 협업할 때도 있지만 대개는 홀로 있는 시간과 공간을 필요로 하지요. 사실 거리로 나갈 때도 홀로 작업하는 것이나 마찬가지라 할 수 있어요. 어떻게 보면 이 공간은 세상과 단절된, 자신 속에 철저히 침잠하는 순간들로 이루어집니다. 다시 말해 너무나 개인적인 시공간에서 예술적 행위들이 벌어지는 셈이죠. 그래서 예술 작품이 혹시 개인 그 자체로 끝나 버리지 않을까 생각될 수도 있습니다.

그런데 개인을 다른 말로 표현하면 '특수'가 됩니다. 이 세상에 존재하는 모든 개체는 저마다 특수함이 있습니다. 유일무이한 본성에서 나오는 특수함은 이 세상 모든 존재의 가치이기도 합니다. 석가모니의 탄생설화에 '천상천하유아독존天上天下唯我獨尊'이라는 말이 나와요. 이 세상에 내가 오직 홀로 존귀하다는 뜻이지요. 이는 독단이나 자만심을 뜻하는 것이 아니라 각 개체마다의 실존적 존엄성을 이야기하는 것입니다. 내가 무언가를 느끼고 인지하는 것은 내 몸의 감각기관과 내부적 작용을 통해서입니다. 그리고 모든 생명체는 몸의 조건이 다 다르기 때문에 생명체가 살아간다는 것은 철저히 개인적이고 특수한 면을 기반으로 하고 있습니다. 타인의 경험은 내겐 이미 관념성을 띠고 있는 것이지요. 결국 내가 가장 잘 알 수 있는 것은 내 몸을 통한 것이므로 최선을 다해, 그리고 진솔하게 스스로에게 접근했을 때 그 결과물은 가장 큰 진정성을 띠고 큰 호소력을 갖게 됩니다.

사회적 동물인 인간은 소통을 통해 생존하고 진화해 왔다고 해요. 그 인간이라는 종에서도 가장 많은 소통을 원하는 그룹이 있다면 아마 예술가 그룹이 아닐까 합니다. 예술가가 창작의 과정에서 자신을 공간물질적이거나 정신적인 것 속에 홀로 두는 것은 폐쇄된 공간 속에 은폐되거나 소외되는 것이 아니니다. 비유하자면 하나의 집이 있는데 천장이 뚫려 있는 상태입니다. 그 천장으로 햇빛이 쏟아져 들어오고 바람이 드나듭니다. 모든 거추장스러운 외피를 벗어던지고 세상과 깊이 소통하고 있는 것이지요. 예술가는 아이러니하게도 혼자alone의 상태에서 마침내 모두all one가 되며 세상과 소통한다고 할 수 있습니다. 이는 세상의 모든 창의적이고 개성적인 방향을 추구하는 이들에게 공통되는 점입니다. TED 강연을 한번 생각해 봅시다. TED는 짧은 시간에 폭발적인 소통을 하는 강연으로 유명한데, 여기에는 각 개인의 체험과 견해가 중요합니다. 그리고 이를 듣기 위해 많은 사람들이 귀를 기울입니다. 개인 혹은 특수의 이면에는 보편이 흐르고 있습니다. 개인의 체험과 견해를 통해 생명체, 인간, 혹은 어떤 공동체라는 보편성을 공유하고 공감하는 거지요. 결국 개인으로서의 가치야말로 소통에서 가장 중요한 부분이라고 생각합니다.

## 스스로에 대한 믿음으로 끝까지 가라

개인적인 작품으로 세상과 소통하는 것이 넓은 대양에 돌 하나 던지듯 무의미할 거란 의문을 종종 가져 왔는데 이제 자신감을 좀 가져도 좋겠다는 생각이 듭니다. 그런데 또 의문이 들어요. 자신의 비전을 가지고 자기답게 이를 표현하고 세상과 소통하는 것은 물론 멋질 수도 있겠지만 동시에 이런 삶이 감수해야 할 위험도 있지 않을까요?

그래요. 충분히 그렇습니다. 어디에도 얽매이지 않기 때문에 일면 굉장히 반항적이고 극단적으로 보일 수도 있고, 때론 생활이 고단할 수도 있지요.

예술은 삶의 가치에 대한 또 다른 추구입니다. 일상에 매몰된 삶에서 존재가 숨을 쉬기 시작하는 지점, 모두가 당연하게 여기는 삶의 행태에 대해 새롭게 눈뜨는 그 순간이야말로 예술이 존재하는 시공간입니다. 예술을 추구한다는 것은 답이 하나이거나 없는 것이 아니라 수많은 답의 가능성을 찾아 가는 과정이기도 합니다. 이것은 존재의 자유로움 속에서 가능한 일이고, 이 자유로움이 바로 예술의 정신이라고도 할 수 있습니다. 이것은 거저 주어지는 것이 아니에요. 용기 있게 기꺼이 스스로 선택하는 것입니다. 누군가가 예술을 선택했다는 것은 이미 이런 의미들을 포함하고 있습니다.

저는 그렇게 깊은 뜻까지는 미처 생각해 보지 못했습니다. 그저 좋아서 하는 것이라고 생각했거든요.

좋아서 하는 것보다 더 좋은 일이 또 있을까요? 어느 교수님께서 '바람직한 삶을 살지 말고 바라는 삶을 살라'고 했습니다. 자신의 진정한 주인이 되어 살아가는 것, 이것이 자유로움이라고 할 수 있을 것 같아요. 이 길을 스스로 선택하고 스스로 걸어가려면 우선 자기 자신에 대한 믿음을 가져야 합니다. 물론 선택하고도 끊임없이 헤맬 것입니다. 외롭고, 공허하고, 낭떠

러지에 떨어지는 느낌도 끝없이 받게 될 것입니다. 또 내가 할 이야기를 다 보여 주어서 더는 할 이야기가 없는 것 같은, 앞이 꽉 막힌 느낌도 받을 것입니다. 그런데 사실 그 단계까지 가 줘야 하는 겁니다. 그래야 그 후에 다시 새로운 방향이 탄생하거든요. 다만, 꽉 막힌 것처럼 힘들고 어려운 순간을 두려워하지 않는 것이 중요합니다. 설령 그 단계까지 갈 수 없어서 낭떠러지에 떨어지게 된다 하더라도, 그 순간을 두려워하지 않는 마음으로 자신의 길을 걸어가십시오. 거기서 자신이 알지 못하는 하나의 출입구가 다시 열릴 것입니다. 물론 그 출입구가 보이지 않을 때 누군가는 세상을 저주하고 원망하겠지만 그때 자신의 노력이 2% 부족했다고 생각해야 합니다. 자신의 가능성을 믿고 젊은이답게, 과감하게 실험하면서 계속 밀고 나가 주었으면 합니다.

## 모호함을 즐기며 길을 찾아 나서라

그래도 저희들은 빨리 성취하고 싶고, 빨리 인정받고 싶은 유혹을 많이 느끼는 것이 사실입니다.

정말 좋은 작품을 남긴 작가들을 보면 대부분 끝까지 자기 마음의 진정성을 다한 사람들이었죠. 단지 효과 위주의 유행에 편승한 눈속임만으로는 절대로 좋은 작업이 나올 수 없다는 사실은 예술의 역사가 말해 줍니다. 그러니 젊은 시기에 많은 유혹이 있을지라도, 그래서 많은 갈등을 하더라도 최선을 다해 진정성 있게 밀어붙여 보았으면 하는 생각입니다. 어떤 것이든 두려움 없이, 그리고 신나게 새로 시작하며 만들어 가십시오. 단, 절대 손쉬운 방법으로 세상을 살아가지는 마십시오. 물론 인간은 늘 자기 자신을 속이곤 합니다. 어느 지점에 이르러 '이 정도면 되겠지?' 하며 타협하거나 스스로 눈감아 주기도 하죠. 하지만 세상은 정확합니다. 또 세상에는 눈 밝고 귀 밝은 사람들이 많습니다.

그럼에도 불구하고 조금이라도 쉽고 편한 방법을 선택하고 싶은 생각이 굴뚝같을 때가 많겠지요. 하지만 이는 정말 생명력이 길지 않은 방법이라는 것을 꼭 기억하세요. 쉽고 편한 방법은 오래가는 방법이 아니라 가장 빨리 쓰러지는 방법입니다. 일생 동안 자기답게 스스로 하고 싶은 일을 한다는 것, 그건 아마 다른 말로 표현하면 타성에 젖은 자신을 매 순간 극복해 나간다는 말과 다르지 않을 겁니다. 그 극복의 과정은 동시에 '존재의 순수한 즐거움'을 누리는 과정이기도 합니다. 창작하는 사람들이 그 과정을 즐기지 않는다면 과연 예술을 하는 의미가 있을까요?

요즘 제자들의 작업을 보면 하나하나 무거운 주제들을 다루고 있더군요. 물론 다른 분야에서는 때때로 무거운 주제를 무거운 언어로 신중하고 무게감 있게 다루기도 하지만, 예술은 그와 다르게 무거운 주제를 가볍게, 그리고 때론 무겁게, 혹은 가볍지도 무겁지도 않게, 무엇보다 '재미있게' 가지고 놀 줄 알아야 합니다. 예술의 과정이란 정확한 답을 미리 내놓고 거기에 결과물을 무조건 대입하는 것이 아닙니다. 어떤 답을 생각해 두었더라도 항상 다른 답일 가능성을 열어 두고 모호함 속에서 길을 찾아 가는 과정입니다. 대환 군은 혹시 진정으로 몰두할 때 작업이 알아서 어떤 일을 풀어 나가 준다는 느낌을 받은 적이 있었나요?

네, 졸업 작품을 준비할 때 그런 순간들이 있었던 것 같아요. 그전에는 제가 그렇게 풀려고 애썼는데, 그렇게 풀고 싶었던 것들이 몰입해서 작업하는 동안 스스로 풀려나가는 느낌을 받았습니다.

좋은 경험이에요. 그 순간을 만났다면 아마 물物과 나의 대화가 시작되었다고 할 수 있어요. 여기서 물이란 '나'라고 인식되는 범위를 벗어난 세계를 말하는데, 그것은 작업의 대상이기도 하고 나를 둘러싼 세상이기도 하며 내가 다루는 재료들이기도 합니다.

그 몰입의 순간에 물과 내가 녹아들며 어린아이처럼 순수하게 어우러져 노는play 현상을 느꼈을 것입니다. 놀이는 일방적이지 않고 쌍방향입니다. 내가 설정한 것만을 옳다고 주장하는 것이 아니라 상대를 존중하며 그때그때 상황에 따라 대응해 가는 것입니다. 내가 설정한 것은 대개 관념적이다 못해 고정관념인 경우가 많습니다. 매 순간 세상에 귀를 기울이고 내가 다루고 있는 대상에 귀를 기울이며 경이로움을 느낄 때, 비로소 생명체는 있는 그대로의 존재로서 빛을 발하게 됩니다. 그리고 거기서 자연스럽게 흘러나오는 것이 바로 진정한 의미의 창의성입니다.

우리 대화의 처음으로 돌아가면, 창의성은 비전의 한 면이라고도 할 수 있습니다. 스스로의 존재로서 비전을 가지고 세상을 살아가고, 또 열어 가려는 모든 젊은이에게 하고 싶은 이야기입니다. 오히려 앞을 알 수 없는 모호함을 즐기며 길을 찾아 나서기 바랍니다. 미술美術이 아니라, 헤맬 미迷로서의 미술迷術을 추구하라는 말입니다.

 ## 연구실을 나서며

　대화를 마치고 연구실을 나올 때 다시 한 번 모자가 걸려 있는 목조 사슴을 보았다. 쓸모없는 나무토막들을 버리지 않고 몇 년 동안 묵묵히 바라보기만 했다는 그 노교수님의 마음속 풍경은 어땠을까? 나무토막이 말을 걸어올 때까지 기다렸던 걸까? 아니, 언젠가는 나무토막이 말을 걸어오리라 믿었던 것일까? 나무토막은 과연 어떤 말을 건넸을까?
　이런저런 생각 끝에 문득 피노키오를 만든 제페토 할아버지가 떠올랐다. 그러면서 그 위로 '예술이란 비전을 보여 주는 것'이라는 김성희 교수님의 대사가 오버랩 되었다.
　땔감이 되어 숯으로 사라질 수밖에 없었던 나무토막의 운명은 예술가의 손을 만나 새로운 생명을 얻었다. '나무토막'의 새로운 비전이 제시되는 순간이다. 제페토 할아버지의 비전으로 피노키오는 생명을 얻었고, 노교수의 나무토막은 사슴이 되어 새 삶을 누리고 있다.
　나는, 그리고 우리는 어떤 비전을 가질 수 있을까? 젊음이라는 한정된 시간, 한정된 에너지를 제대로만 쏟아붓는다면 이 방황의 나날도 새로운 가치를 낳는 마법의 시간이 될 수 있을 것이다. 어떻게? 쉽고 편한 길이 아닌, 한 치 앞도 짐작할 수 없는 모호한 여정을 기꺼이 걸어가는 동안 나를 둘러싼 세상과의 진정한 대화가 이루어질 것이다. 그리고 그 대화 속에서 비전의 싹이 틀 것이다. 나무토막의 속삭임처럼.

## 세상의 평균을 내는 법

세상의 평균을 내는 법 두 가지.
하나는 세상을 모두 합친 다음 다시 나누는 것, 다른 하나는 이미 존재하는 세상을 균등하게 다듬고 깎아 나가는 것.

중국 고사에 이런 이야기가 있다.
어느 농부가 기르던 소의 무게를 알고 싶어 마을 사람들에게 물어보았다.
"이 소가 몇 관이나 될 것 같소?"
"글쎄, 100관쯤 되겠네."
"100관이라니? 못해도 400관은 되겠는걸?"
"아니야, 아니야. 언뜻 봐도 700관은 족히 나가 보이네."
만나는 사람마다 하나둘씩 자기만의 추정 값을 내놓았다. 그런데 그 값이 너무나 천차만별이어서 농부는 당황했다. 그래도 농부는 온종일 묵묵히 돌아다니며 마을 사람들의 말에 귀를 기울였다. 느지막이 집으로 돌아온 농부는 붓을 꺼내어 마을 사람들이 내놓은 추정 값들을 모두 더하기 시작했다. 그리고 그 결과 나온 숫자를, 소의 무게를 물어본 마을 사람들의 숫자로 나누었다. 훗날 측량 도구가 발명된 뒤 소의 무게를 재었을 때 농부는 깜짝 놀랐다. 측량 도구로 잰 소의 무게는 마을 사람들이 말해 준 무게의 평균값과 한 치의 차이도 없었기 때문이었다.

다음은 위키피디아 이야기.

초창기만 해도 위키피디아 사전은 대부분의 전문가들에게 비웃음을 샀다.

"전문성도 없는 일반인들이 인터넷에 올린 글들을 어떻게 사전이라 할 수 있나?"

맞는 말이었다. 그러나 시간이 흐르면서 그 불완전한 지식은 끊임없이 퇴적과 침식을 거듭해 나갔다. 세상의 모든 사전 중에 그런 퇴적과 침식 작용을 받아들일 수 있을 만큼 '열린 구조'를 지닌 사전은 위키피디아뿐이었다.

지금 위키피디아는 세상에서 오타율이 가장 적고, 가장 많은 단어와 정보, 이미지를 가진 사전이 되었다. 그리고 이 순간에도 계속해서 점점 강력해지고 있으며, 훨씬 전문적이고 섹시하게 변해 가고 있다.

평균을 구하는 일은 때로 무모하고 위험하며 자칫 폭력적일 수도 있다. 보편성과 통일성이라는 집단적 가치를 위해 다양성과 특수성이라는 개성적 가치가 자리를 비켜 줘야 하는 경우도 있기 때문이다.

하지만 내가 살고 있는 세상을 더 깊고 넓게 이해하며 더 나은 가치를 추구하기 위해서는 보편성의 가치를 인정하고 힘을 보태는 일 역시 중요하다. 이는 획일적으로 혹은 자기중심적으로 나눠 평균을 내는 것과는 다르다.

수학은 나눗셈이 있어야 평균을 구할 수 있고, 삶에서는 '나눔'이 있어야 좀 더 가치 있는 평균, 즉 인류 보편의 번영으로 나아갈 수 있다. 다수의 추정 값들에서 소의 무게를 찾는 일이 전자에 해당한다면, 지식의 나눔을 통해 하루가 다르게 진화하고 있는 위키피디아는 후자의 예일 것이다.

Big Picture,
문제를 직시할 때 비로소
보이는 것들

경영대학 경영학과
김상훈 교수

김상훈 교수는 서울대학교 경영학과를 졸업하고, 시카고 대학교 경영대학원(MBA)에서 석사 학위를, 스탠퍼드 대학교 대학원에서 경영학 박사 학위를 받았다. 현재 서울대학교 경영대학 경영학과 교수로 재직 중이며, 한국마케팅학회 부회장, 한국소비자학회 부회장(차기 회장), 국립현대미술관 운영자문위원, 서울시립미술관 운영자문위원을 맡고 있다. 지은 책으로는 《앞으로 3년 세계 트렌드》(공저, 2009), 《상식 파괴의 경영 트렌드 28》(2011), 《하이테크 마케팅》(2013) 등이 있다.

 ## 연구실에 들어서며

   김상훈 교수님은 대체로 경영대에서 강의를 하시지만 활동 영역은 거기에 국한되지 않는다. 교수님은 경영대를 시작으로 기업들과 미술관을 종횡무진 넘나들며 강의를 펼치신다. 특이한 점이 있다면 기업에서는 비즈니스 대신 예술에 관한 이야기를 하고, 미술관에서는 예술 대신 비즈니스에 관한 이야기를 하신다는 점이다. 김상훈 교수님은 가장 멀게 느껴지는 양극단의 세계를 자유로이 오가며 누구보다도 큰 그림 big picture을 그리시는 분이다.

   교수님의 방은 무척 깔끔했다. 테이블 위에는 크고 작은 머그잔들이 놓여 있었고, 커피 대신 갖가지 연필들이 필통에 꽂혀 있었다. 단정하게 정돈된 교수님의 헤어스타일과 학구파 느낌의 수수한 옷차림까지……, 군더더기 없는 방과 스마트한 주인의 조화를 느끼며 나는 준비해 둔 질문을 조심스럽게 꺼냈다.

## 커먼그라운드의 소멸

현재 가치 있는 것, 그리고 다가올 시대가 요구하는 가치에 대한 교수님의 생각을 듣고 싶습니다. 또 그런 가치를 얻기 위해 저희들이 어떤 준비를 해야 할지에 대해서도 말씀해 주셨으면 합니다.

옛날엔 참 편했는데……. 방향성이라는 측면에서 보면 옛날이 훨씬 편하고 수월했던 게 사실이죠. 공통된 생각을 나누는 기반, 즉 '커먼그라운드common ground'가 많았으니까요. 같은 생각을 갖는다는 것이 요즘에는 부정적으로 들리겠지만, 사실 그 뒤에 굉장한 효율성이 숨어 있어요. 아무래도 생각이 같으면 쉽게 이해할 수 있고 의견 충돌도 훨씬 적겠죠. 하지만 요즘은 그런 커먼그라운드가 많이 사라졌어요. 정치를 포함한 사회의 여러 단면을 보면, 자기 생각엔 이게 옳기 때문에 저 사람이 주장하는 다른 이야기를 쉽게 받아들이거나 이해하지 못하잖아요. 모두 다른 생각을 갖고 있는데 그것을 포용하는 방법을 점점 잃어 가는 거예요. 아무래도 자기 주변의 '로컬 네트워크' 안에서는 대개 비슷한 생각을 공유하고 있으니까 다른 생각을 포용하기가 점점 더 어려워져요. 특히 SNS가 이걸 더 심하게 만드는 것 같아요.

SNS 시대인 지금, 우리는 제각각 고립된 섬에 살고 있는 것 같습니다. 그래서 전체를 조망하는 힘이 점점 약해지는 게 아닐까요? 물론 다양성이라는 측면에서 보면 장점도 있어요.

사회는 다양성이 기반이 되어야 좋은 것들이 많이 나타나니까. 특히 요즘 강조되는 혁신이야말로 다양성을 추구해야 가능한 일이죠. 하지만 이런 장점들에 반해 커먼그라운드가 사라지면서 점점 커뮤니케이션이 어렵고, 너무 많은 비효율이 발생해요. 많은 사람이 함께 기댈 만한 공통의 가치관이 없어진 거죠. 태국이나 유럽의 일부 국가들처럼 종교가 공통된 가치관의 역할을 해 주는 경우도 있지만, 미국이나 우리나라를 보면 그런 역할의 주체가 부재하기 때문에 점점 많은 문제들이 생겨나죠.

커먼그라운드가 사라진 자리에는 적대감만 남습니다. 조금이라도 공감의 지점을 찾기 위해 노력해야 하는데 그보다는 '내 생각이 맞아. 내 주변 사람들도 다 이렇게 이야기하는데 저 사람은 왜 저럴까?' 이렇게 경계선이 그어지고 반감이 싹트는 거예요. 당연히 타협은 있을 수 없겠죠. 게다가 SNS의 부작용까지 더해 이런 현상이 더더욱 심화되고 있어요. 페이스북을 보면 다들 자신과 비슷한 환경, 비슷한 생각, 비슷한 연령끼리 동아리를 형성하지 않나요? 조금이라도 다른 세계관, 다른 가치관을 찾기란 거의 불가능하죠. 그렇게 우리는 스스로 점점 고립되어 가는 거예요.

이런 문제는 고스란히 젊은 사람들이 짊어지게 될 거예요. 그래서 '이 사회를 어떻게 바람직한 모습으로 끌고 갈 것인가'에 대한 고민을 지금부터 해야 합니다. 나는 다양성을 훼손하지 않으면서도 서로 공감대를 이루는 사회가 되면 좋겠다고 생각해요. 너무 뻔한 소린가요? 사실 공감이란 게 그저 똑같은 의견을 갖자는 뜻이 아니잖아요. 이제는 상식, 그러니까 영어의 'common sense'에 해당하는 가치에 대해 모두가 함께 토론하고 정의를 내려야 할 시기인 것 같아요. 사회윤리이건 공중도덕이건 그 대상이 상식적으로 말이 되는가, 안 되는가를 논의하며 공감대를 형성해 나가는 것이 필요해요. 가치관이라는 말도 '어떤 것을 가치 있게 생각하느냐' 하는 점에서 검토해 봐야 합니다. 이게 가치 있는가, 없는가를 설명하고 설득하기 위해 많은 시간을 투자해야 하는 것이죠.

## 끝없이 묻고 답하라

말씀을 듣다 보니 인류사에 '명작'으로 남은 고전들이 떠오릅니다. 수백, 수천 년 동안 사랑받는 동서고금의 공통 가치에는 아무래도 커먼그라운드가 아주 단단하게 작용된 것 아닌가 생각됩니다.

전에 서울대학교 미술관에서 〈예술만큼 추한 Ugly as Art〉라는 전시를 본 적이 있는데, 무엇이 아름다움인지 돌아볼 수 있는 기회가 되었어요. '이것은 예쁘고, 저것은 예쁘지 않아'라는 가치 구분을 보여 주려 했던 것은 아니었겠죠. 내 생각엔 '아, 이것도 아름다울 수 있구나. 이 자체로 아름답지는 않더라도 그 안에 아름다움의 요소가 있기 때문에 아름다워 보일 수 있구나' 하고 느끼게 해 준 것 같아요.

'우리는 왜 아름다움과 추함에 대해 계속 화두를 던질까?', '추한 것 속에도 아름다움이 있을 수 있고, 아름다움 속에도 추함이 있을 수 있구나' 이렇게 생각하며 우리가 그 의도에 공감할 수 있다면 전시를 보는 과정은 결국 하나의 커뮤니케이션이 돼요. 작품을 통해서 작가와 대화를 나누며 관객들이 공통된 감정과 생각을 찾아 가는 일종의 상호 에듀케이션 과정이 되는 거죠. 요즘 시대에 이 상호 에듀케이션 과정이 꼭 필요해요. 지금은 에듀케이션이라기보다는 언un에듀케이션에 가까우니까.

학교라는 곳은 원래 교육을 하는 기관이잖아요? 교육은 잘못된 생각을 옳은 생각으로 바꾸는 계기를 제공하죠. 하지만 옳고 그름을 누가 정하죠? 신이 정해 주는 것도 아니고, 석좌교수가 '이게 진리야' 하고 단언하는 것도 아니잖아요. 결국 학교라는 공간에서 우리 스스로 그것을 찾아내기 위해 끝없이 토론해야 합니다. 실제로 훌륭한 논문들의 대부분은 20~30대 학자들에게서 나와요. 젊은 학자들이 서로 같은 생각을 갖고 있는지 확인하고, 혹시 다르거나 같다면 무엇이 다르고 같은지, 그 이유는 어디에 있는지 찾기 위해 끊임없이 질문하고 답해서 가능했던 일이죠.

## 큰 그림을 볼 수 있는 힘

학문이든 일이든 경계와 범위가 있다 보니 그 영역에서만 보려는 경향이 있는 것 같습니다.

바로 그것이 과거 우리 교육의 잘못된 점 같아요. 이른바 '전문화'라는 게 있잖아요? 그런데 특정 분야에만 집중하는 전문화는 산업화의 논리거든요. 한 사람이 다 할 수 없으니 분업을 하자는 것이 그 출발이죠. 하지만 탈산업화로 접어든 지 벌써 몇십 년째예요. 그런데도 전문화에 대한 과거의 패러다임을 못 바꾸고 있어요. 고등학교 다닐 때 안 들어 봤나요? "영어만 잘하면 돼, 수학만 잘하면 돼……." 완전히 잘못된 거죠. 언어 분야 하나만 봐도 번역기가 눈부시게 발전하고 있는데 말이에요.

이제 젊은이들이 나서야 해요. 기성세대들이 아무리 궁리해 봐도 부작용만 양산되는 게 현실이잖아요. 도대체 뭐가 잘못된 걸까요? 잘해 보려고 하는데 더 안 되는 까닭이 뭘까요? 한 가지 문제를 푸는 동안 다른 것들을 살펴보지 않아서 그래요. 한 가지 문제에만 너무 맹목적으로 매달리다 보니 시야가 좁아진 거죠. 이 문제를 풀면 또 다른 큰 문제가 생길 수 있다는 것을 간과해서 오히려 문제가 더 생겨나는 겁니다. 그래서 세상에 점점 문제가 많아지는 것 같네요. 큰 그림을 볼 수 있어야 하는데…….

이런 시대에 젊은 사람들이 할 수 있는 것은 무엇일까요?

바로, 디자인이죠. 이제 모든 일이 디자인일 거예요. 실질적인 일을 하는 것은 컴퓨터와 기계들이고, 어떤 일을 할지, 어떤 순서로 처리할지를 설계하는 것은 사람일 겁니다. 이런 과정들이 바로 디자인이에요. 예컨대 '도시를 어떻게 만들 건데?' 하는 질문에 답하고 설계하는 것은 사람이고, 실제로 길을 놓고 집을 짓는 과정에는 기계적인 힘이 개입되는 거죠.

물론 내가 말한 디자인은 넓은 의미의 디자인이에요. 다른 분야의 전공자들과 작업하다 보면, 디자인이라는 단어를 모두 각자의 관점으로 이해하더군요. 기계항공공학부 교수님은 설계를 떠올리고, 미술대학 교수님은 시각적인 이미지를 떠올리고, 저는 경영 계획scheme을 떠올리죠. 애초에 디자인이란 단어 자체는 '아이디어를 내어 계획을 짜고 의미를 부여하는 행위'로 해석되는 만큼 굉장히 폭넓은 의미로 사용돼요.

그럼 크게 디자인할 수 있는 능력, 큰 그림을 볼 수 있는 힘은 어떻게 길러야 할까요?

여러 방면으로 많이 생각해야죠. 무엇보다 하나의 선택이 어떠한 부작용을 가져올지, 그 가능성을 다방면으로 상상해 봐야 합니다. 내가 MBA 부학장을 2년 동안 했는데 임기를 마치면서 농담처럼 이야기했어요. "저는 업적이 없습니다. 바꾸려고 하지 않았으니까요."

누구나 학장, 부학장이 되면 기존의 것들을 바꾸려고 해요.

하지만 생각해 보면 학교가 생긴 지 70년인데, 그동안 얼마나 많은 시행착오를 겪으며 최적화되어 왔겠어요? 이걸 자칫 잘못 바꾸면 와르르 무너지는 경우가 생기겠죠. 개혁이 학교를 위한 것이 아니라 자신의 업적을 위할 때는 더더욱 경계하고 신중해질 필요가 있습니다. 이걸 바꾸었을 때 어떤 부작용이 있을까? 이 문제를 해결하면 다른 어떤 문제들이 생겨날까? 이런 생각을 하지 않으면 점점 문제가 많아져요. 예를 들어 강의평가 점수가 수강생이 적으면 잘 나오고, 많으면 낮게 나오는 시스템이 있다고 칩시다. 이건 시스템의 문제니까 해결해야 해요. 그래서 수강생이 많은 강의에 가중치를 두는 방향으로 체제를 바꾸죠. 이렇게 하면 강의평가 점수가 높은 강사에게 상을 줄 때 수강생이 많은 수업이 5등까지 차지해요. 평가의 기준이 강의의 질보다는 수강생의 규모로 바뀌는 다른 부작용이 생기는 겁니다.

이런 식으로 우리는 문제를 해결하려 할 때마다 대상을 바꿔버리려고 합니다. 그 변화에 따른 파급 효과가 어느 정도인지, 얼마나 다양한 부작용이 뒤따를지 깊게 생각해 봐야 하는데, 이 과정이 거의 생략되다 보니 사회가 혼돈에 빠지는 거죠. 다시 한 번 말하지만 무언가를 선택하거나 해결할 때 여러 방면으로 생각해야 합니다.

## '맹목적 발전'의 시대에서 '소통과 융합'의 시대로

이야기가 자연스럽게 학문 간의 소통 문제로 연결되는 것 같습니다.

요즘 융합이란 말이 자주 들리긴 하죠. 그런데 지금은 과도기 같아요. 융합이라는 것이 서로 대화를 주고받으며 각각의 장점이나 필요한 것들을 배워서 한 단계씩 진화하는 거잖아요? 그런데 아직은 모색의 과정, 즉 과도기로 보여요. 잘 살펴보면 제대로 된 융합이 없어요. 다들 자신을 중심에 세워 두고 있기 때문이에요. 그 과도기를 넘어가야 융합을 통한 결과가 2.0이 되는지 3.0이 되는지 볼 수 있겠지만 아직은 시간이 좀 더 걸릴 것 같아요.

그럼 융합을 잘하기 위해서는 어떤 자세가 필요할까요?

대화를 많이 해야죠. 옛날에 그리스는 엄청나게 많은 대화를 나누며 민주주의를 꾸려 갔어요. 이스라엘 사람들이 잘하는 것도 대화입니다. 이스라엘 친구들을 보면 끊임없이 자기 생각을 이야기해요. 아무리 사소한 생각이라도 이게 좋을지, 아님 저게 좋을지 생각을 나누죠. 이에 반해 우리 사회는 대화가 부족해요. 한국인의 DNA가 그런지 아니면 고도성장을 거치는 과정에서 '이것저것 다 따지다 보면 나아갈 수 없다'는 인식이 굳어져 왔기 때문인지는 잘 모르겠어요. 하지만 이제는 묻고 따지고 더 좋은 것을 찾으려는 움직임이 필요해요.

다시 학교 이야기로 돌아가서, 학교는 옳고 그른 것을 찾아내기 위해 토론하는 곳이라고 했잖아요. 이 토론은 무엇이 원인이고 결과인지 이야기하고 옳고 그름을 따져야만 제대로 이루어집니다. 이런 인과관계를 끊임없이 연구하고 입증하는 것이 바로 사회과학이 하는 일이에요. 사회과학이 밝힌 인과관계는 결국 하나의 이론이나 커먼그라운드로 자리를 잡아 갑니다. 예를 들어 담배를 피우면 폐가 나빠진다는 말에 이의를 제기하는 사람은 없잖아요? 왜냐하면 수많은 연구를 통해 인과관계가 성립되고, 커먼그라운드가 형성되었기 때문이죠. 사회도 마찬가지입니다. 원인과 결과에 대한 끝없는 연구를 통해 어떤 가설들이 실제적인지 아닌지를 입증하고, 또 그 결과를 이론으로 만들어 가죠.

혹시 제자들이나 교수님께서 알고 계신 젊은 세대 중에서 이 과도기의 난제들을 잘 극복해 나가고 있는 분들이 있는지요? 그 사례를 듣고 싶습니다.

요즘 경영대 친구들이 내로라하는 대기업에 들어갔다가 미련 없이 나오는 걸 보면 선호하는 직장이 완전히 바뀌고 있다는 걸 느껴요. 실제로 대기업이 줄 수 있는 가치와 젊은 세대가 얻고자 하는 가치가 이제 달라진 거예요. 옛날에는 다들 성장하길 원했어요. 삼성은 계속 커 가는 회사였으니까 삼성만 들어가면 나도 커질 것이라고 생각했거든요. 그런데 요즘 젊은 친구들은 물질적 성장보다는 가치 있는 삶, 행복한 삶을 추구하죠. 하지만 대기업에서는 스스로 행복감을 느낄 수 없고, 업무 때문에 밥 먹듯이 야근하면서 스트레스를 받다 보니 결국 그만두게 되는 거예요. 가치 있는 삶, 행복한 삶을 얻을 수 없는 거죠. 나를 위한 가치는 없고, 회사를 위한 가치를 만들고 있으니까요. 그래서 이런 니즈를 충족해 줄 수 있는 조직을 찾다가 대기업이 아닌 중견 기업을 선택하곤 하는데, 거긴 또 기대했던 것보다 수준이 낮단 말이에요. 그래서 요즘은 창업을 많이 하는 것 같아요. 자신만의 가치라는 것이 돈일 수도 있고, 사회 기여일 수도 있고, 성장일 수도 있어요. 어쨌든 조직에 의존하기보다는 나 스스로 주체가 되는 거죠.

내가 서울대에서 강의하기 시작한 첫해에 마케팅 수업을 듣던 공과대학 학생이 있었어요. 입사 1년 만에 회사를 때려치우고 나와서 창업을 하더군요. 대치동 학원가에서 교육을 컨설팅해 주는 회사를 만든 거예요. 아이의 학업이나 진학을 위해 어떤 학원에 가야 하고, 어떤 방식으로 공부해야 하는지 꼼꼼하게 설계해 주는 회사예요. 불필요한 학원들은 과감하게 정리할 것을 권유하고 대신 독서실에서 선생님의 지도를 받게끔 도와주죠. 그 회사 성공했어요. 지금은 전국에 지점을 두고 있고요.

그 친구는 '문제 해결'이라는 측면에서 사업을 생각했어요. 어차피 문제라는 것은 사회 전반에 충분히 널려 있잖아요. 게다가 예전에는 생각지도 못한 문제들이 점점 더 많이 생겨나고 있죠. 이 때문에 사회적인 문제를 해결해 주면 사회적 기업이 되고, 개인적인 문제를 해결하면 하나의 비즈니스가 돼요. 빨래를 대신해 주거나 배달을 대신해 주는 것, 이런 것들이 모두 개인의 문제를 해결해 주는 거잖아요? 더는 할 게 없다? 아니에요. 할 것은 엄청나게 많답니다. 지금은 해결되는 문제보다 발생하는 문제가 점점 늘어나고 있어요. 문제 해결 방법을 찾아 주는 행위는 수익을 가져다주기도 하지만, 문제들을 해결하며 사회적으로도 기여한다고 생각하면 좀 더 가치가 생길 겁니다. 나는 젊고 똑똑한 친구들이 이런 분야로 더 많이 진출했으면 좋겠어요. 모든 문제를 국가가 해결해 주기만 바랄 수는 없는 시대잖아요? 국가 또한 그런 기능을 상실했고, 개인적인 범위에서 해결해야 하는데 여기에 많은 기회가 있다고 생각합니다.

## 유연한 사고를 지닌 중간자의 역할

사회가 다변화될수록 다양한 벤처들이 나타날 것 같습니다. 이런 트렌드가 앞으로도 계속 지속될까요? 정보가 많아질수록 사업이나 사회의 방향도 더 세분화되어서 각자의 이익이나 효용을 좇아갈 텐데, 그렇다면 우리 젊은이들도 점점 더 세분화된 길을 찾아 가야 할까요?

미래를 단정적으로 이야기할 수는 없지만, 일단은 매우 세분화되었다가 다시 합쳐지지 않을까 생각해요. 지금은 공통분모를 가진 사람들끼리 답을 찾기 위해 다양하게 쪼개져 나가는 과정인데, 언젠가는 그 답을 찾아 융합돼서 다시 한 번 균형 상

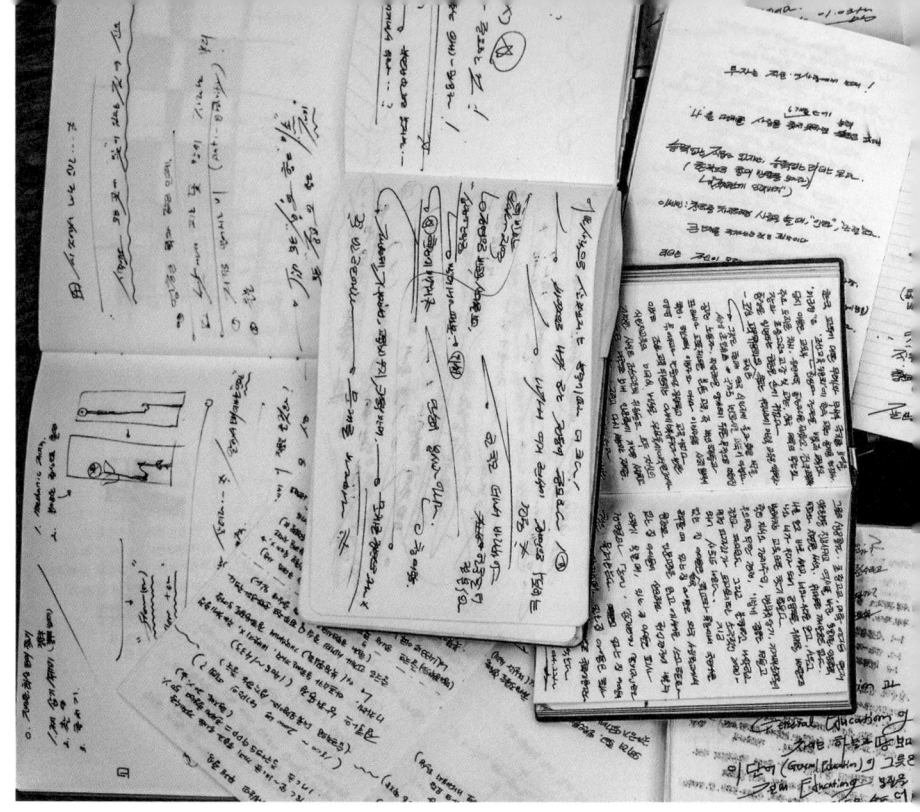

태에 도달하지 않을까요? 그 시기와 균형의 상태를 아무도 예측할 수는 없겠지만, 지금 같은 대기업 형태는 아니고 어느 정도 적정 규모일 것 같아요. 규모가 크다고 좋은 것은 아니라는 걸 경험했으니까요.

말씀대로 공통분모가 되는 문제점들을 찾아 가다 보면 서로서로 융합이 자연스럽게 이루어질 수 있을 것 같습니다.
맞아요, 그리고 그런 역할을 하는 사람들이 또 나타날 거예요. 자신이 직접 사업을 하진 않지만 사업과 사업을 연결해 주고, 플랫폼을 깔아 주는 사람들이 많이 나오겠죠.

전에 구글의 에릭 슈미트 회장이 서울대 특별 강연에서 이런 말을 했어요. "주변을 둘러봐라, 네 친구들 중에 천재가 있을지 모르니." 그런데 오늘날에는 어떤 천재가 필요할까요? 아마 문제해결능력이 뛰어난 친구가 아닐까요? 개인적인 문제든 사회적인 문제든 솔루션을 찾는 능력이 필요합니다. 똑똑하고 아이디어가 있어야 해요. 똑똑하다는 것이 책을 잘 암기하는 게 아니라 새로운 생각을 할 수 있다는 의미잖아요. 슈미트가 그때 이렇게 이야기했죠. 주변에서 가장 똑똑한 친구를 찾아서 그 친구와 같이 하나의 문제를 해결해 보라고 말이에요. 그럼 너는 구글 같은 회사를 만들 수 있을지 모른다고. 맞아요, 우리 주변에는 좋은 친구들이 많아요. 이 건물 안에도 많겠죠. 그런데 각자 자기 생각, 자기 세계에만 매몰되어 있으니까 아무런 이벤트가 발생하지 않는 거예요. 그 섬들을 연결해 주고 끌어내는 일이 필요해요.

그런 사람들을 '중간자'라고 표현해도 되는지요? 아주 유연한 사고를 지닌 사람들이겠지요?

그럼 나도 중간자에 속하겠군요. 문화예술과 경영의 중간자로서 기업에 가서는 문화예술을 강의하고, 미술관 관장님들에게는 마케팅을 강의하고……, 이렇게 다리를 놓는 게 아주 중요해요. 앞으로는 그런 사람들이 돈도 잘 벌 거예요. 남들이 안 하는 걸 하니까요. 가끔은 불안할 때도 있겠지만 재미도 있어요.

## 꿈을 권하는 사회의 부작용

대학생활을 돌이켜 보면 옆 사람 손을 잡고 가지 못했던 것이 가장 아쉽습니다. 저마다 꿈은 많이 꾸지만 다른 사람과 함께 가야 한다는 생각은 할 겨를이 없는 것 같습니다.

우리나라에서 많이 쓰이는 단어가 '꿈'이에요. 옛날에는 꿈 하면 '아메리칸 드림'을 떠올렸지만 요즘은 '코리안 드림'인 것 같더군요. 미디어만 봐도 경연 프로그램들이 끊임없이 쏟아지면서 가수가 되려는 꿈, 요리사가 되려는 꿈, 이런 것을 끝없이 부추기잖아요. 누군가 포기하려고 하면 절대로 포기하지 말라고 이야기해요. 포기할 수도 있는 거 아닌가요? 때로는 포기도 필요한 법인데, 우리 사회는 꿈을 버리지 말라고 일종의 강요를 하죠. 대신 이뤄 줄 것도 아니면서 말이에요. 만약에 노래를 못하는 사람한테 가수의 꿈을 버리지 말라고 하면 그 친구는 어떻게 해야 할까요?

이렇게 꿈을 너무 강조하다 보니 '같이 손잡고 가는 것'을 못하게 되는 겁니다. 내가 이 친구와 경쟁해서 이겨야 되는데 어떻게 같이 갑니까? 같이 갈 수 없는 것, 바로 이 점이 '꿈 강요 사회'의 부작용인 것 같아요. 그 꿈이란 것도 사회의 꿈이 아닌 개인적인 꿈이거든요. 그래서 나는 꿈을 너무 강조하는 것이 달갑지 않아요.

특히 중고등학교 학생들한테 '네 꿈이 뭐니?' 하는 질문은 가급적 아꼈으면 좋겠어요. 훗날 사회생활도 해 보고 많은 경험을 통해 스스로 무엇을 하고 싶은지 찾아 가는 과정이 필요합니다. 지금 어린아이들이 무엇을 알 수 있을까요? 꿈보다는 길찾는 방법을 가르쳐 줘야 해요. 꿈이 있는데 어디로, 어떻게 가야 할지 모르는 것이 더 큰 문제니까요.

 ## 연구실을 나서며

누구나 큰 그림이 멋지고 좋다는 사실은 잘 알고 있다. 하지만 큰 그림을 볼 수 있는 시각이 모두에게 주어진 것은 아니다. 그런 시각을 가졌더라도 자기만의 그림을 그려내기란 더더욱 어려울 것이다. 그런데 김상훈 교수님은 여기에 또 다른 질문을 던진다. "당신은 큰 그림을 보고 싶어 하지만, 사실 당신이 보고 싶어 하는 것만 보고 있는 건 아닐까?"

그렇다. 우리는 누구나 힘들고 슬프고 괴로운 장면들과 마주치기 싫어한다. 그러나 역사적으로 큰 그림이 탄생한 순간들을 돌이켜 보자. 그 큰 그림들은 언제 탄생했을까? 각자 자기가 보고 싶은 것만 보고 있을 때였던가, 아니면 모두에게 주어진 아프고 힘든 문제를 마주하며 그것을 해결하려고 시도할 때였던가?

계단을 오르기가 너무 힘들었던 게으른 누군가가 엘리베이터를 개발했을 것이다. 마찬가지로 손바닥 안에서 세상의 모든 정보를 만나고자 했던 사람이 스마트폰을 개발할 수 있었을 것이다. 어쩌면 다소 게을러 보일 수도 있는, 그러나 눈앞의 문제에 예민하게 반응하는 사람들로 인해 큰 그림이 만들어진 게 아닐까? 현실의 타성에 젖어 당연해지고 익숙해져 아프고 불편하다는 생각조차 하지 못했던 문제를 해결하려고 꿈을 꾼 사람들 덕분에 말이다.

 많이 아파 본 사람, 그리고 그 아픔을 잊지 않고 직면하며 해결해 나가려는 사람이야말로 누구보다 큰 가능성을 지니고 있을지도 모른다. 어쩌면 세상을 움직이는 큰 그림들은 정작 우리 모두가 늘 피하고 마주하기 힘들어하는 순간들 속에서 꿈틀꿈틀 존재해 왔던 게 아닐까?

# SOUL SPOT

## 미술관

　서울대학교 정문 옆으로 난 작은 오솔길을 걷다 보면 어느새 검은 현무암 길에 접어든다. 한 걸음, 두 걸음 옮길수록 현무암 바닥은 점점 넓게 펼쳐진다. 무광의 검은 바닥 색깔 때문일까, 아니면 바닥의 넓이 때문일까? 늘 걸어 다니는 등굣길과는 사뭇 다르게 분주했던 마음이 조금씩 차분하게 가라앉는다. 그리고 바로 그 길이 끝나는 곳에 MoA<sub>Museum of Art</sub>, 서울대학교 미술관가 있다.

MoA를 찾을 때마다 나의 걸음은 늘 차분해진다. 건물 외부에서 내부로 들어가는 경계 부분이 꽤 인상적이기 때문이다. 쭉 이어지던 현무암 바닥이 건물로 이어지면서 자연스럽게 나지막한 나무 경사로로 바뀐다. 사실 대부분의 미술관이나 박물관 입구들은 하나같이 멋진 대리석이나 화강암으로 만든 높은 계단으로 되어 있다. 그 외관 앞에서 방문객들은 왠지 모를 위축감을 느끼기도 한다. 말로는 모두를 위해 활짝 열린 공간이라고 하지만 관람객의 마음을 편안하게 해주는 구조는 아니다. 그러나 MoA의 입구는 다르다. 누구에게나 '각박한 마음을 비우고 자연스럽게, 편안하게 들어오시오'라며 모든 관람객에게 편안히 말을 걸어온다.

건물 안으로 들어서면 바닥은 다시 노출 콘크리트라는 얼굴로 바뀌면서 비로소 자기 이야기를 펼쳐 보인다. 벽과 천장은 물론 바닥까지 수많은 작가들의 특별한 이야기들로 와글댄다. 아픔 속에서 태어난 이야기, 삶과 죽음에 관한 이야기, 때로는 환희에 가득 찬 이야기들이 각각의 형태로 벽과 천장을 가리지 않고 펼쳐진다.

그 수많은 이야기들 속에 서 있다 보면 온갖 상상이 떠오르곤 한다. 그리고 그 순간, 저마다 다른 시간과 공간에서 제각각의 삶을 살아왔던 이야기들이 MoA라는 공간에 나란히 공존하고 있다는 사실이 새삼 신기하게 느껴진다. 여기서만큼은 너와 나의 구분, 과거와 현재와 미래의 구분, 공간의 구분은 없다. 물론 이 모든 이야기는 예술가의 가슴속에서 시작되었을 것이다. 어쩌면 예술 작품 속 주인공은 나일 수도 있다. 예술은 예술가의 소유물이 아니라 공감하고 공유하는 모두의 공동 소유이기 때문이다.

미술관 내부에서 한참을 머물다가 다시 밖으로 나오면 예의 현무암 바닥을 다시 밟게 된다. 왔던 길을 거슬러 가는 그 시간은 조금 전보다 훨씬 의미 있게 다가온다. 그래서 항상 뒤돌아서서 MoA를 다시 바라보게 된다.

## 세상을 이해하는 첫걸음은
## 나를 이해하는 것

농업생명과학대학 식물생산과학부
**정철영 교수**

정철영 교수는 서울대학교 농산업교육과에서 산업인력개발학을 전공하여 학사 학위와 석사 학위를 받고, 미국 오하이오 주립대학교에서 산업인력개발학을 전공하여 박사 학위를 받았다. 한국진로교육학회장, 한국직업교육학회장, 한국산업교육학회장, 한국농산업교육학회장, 한국평생교육진흥원 이사장, 서울대학교 학생처장, 서울대학교 농업생명과학대학장을 역임했으며, 지금은 서울대학교 농업생명과학대학 식물생산과학부 교수, 한국직업교육총연합회 상임대표로 있다. 지은 책으로는 《진로교육의 이론과 실제》(공저, 1999), 《학교진로상담》(공저, 2006), 《청소년 진로 및 학업지도》(공저, 2008), 《농업교육학 개론》(공저, 2013) 등이 있다.

 ## 연구실에 들어서며

 정철영 교수님은 책임이 막중한 업무에 둘러싸인 와중에도 인터뷰 요청에 가장 먼저 답을 주셨다. 놀랍고 감사하고, 무엇보다 떨렸다.
 잔뜩 부푼 마음 때문이었을까? 교수님과의 약속 시간을 수첩에 꾹꾹 눌러 적어 두고서도 1시간이나 먼저 도착해 버렸다. 물론 덕분에 자연스럽게 근처 복도를 이리저리 오가며 마음속에 떠오르는 생각들을 다시 정리할 수 있었다. 인터뷰를 준비하며 농업생명과학대학 안에 다양한 분야가 있다는 사실을 알게 되었다. 곤충, 식물, 산림, 식품 등 우리 삶과 결코 뗄 수 없는 것들이었다. 나는 인류의 미래와 가장 밀접한 곳에 와 있었던 것이다.
 '정철영 교수님께서는 농업생명과학대학의 중심에서 내일의 방향에 대해 어떤 시선으로 고민하고 계실까?'
 1시간은 그렇게 금방 지났고 약속 시간이 다 되었다. 학장실 문을 열고 들어갔을 때 가장 먼저 눈에 띈 것은 엄청난 양의 서류들이었다. 그 서류들 사이로 정철영 교수님이 보였다. 인사가 끝난 뒤에 질문을 먼저 던진 쪽은 내가 아니라 교수님이셨다.

## 터널의 끝에서

안녕하세요, 교수님!

안녕하세요, 김대환 학생이지요? 반가워요. 서울대학교에 계신 교수님들께 편지를 보낼 때 혹시 선정 기준 같은 게 따로 있었나요?

네. 저뿐만 아니라 캠퍼스 내외의 많은 학생들이 우리에게 필요하다고 생각하는 학문이 무엇인지를 기준으로 선정했습니다. 인생을 밥그릇에 비유하면 밥그릇 안에 맛과 영양 면에서 좋은 밥을 담아야 하는데, 교수님의 말씀을 통해 좀 더 맛있고 영양가 있는 밥을 담고자 합니다. 요즘같이 빠르게 변화하고 혼란스러운 시대에 저희들은 어떤 마음가짐으로, 어떻게 살아가면 좋을까요?

나는 전공이 인력개발 쪽입니다. 그러다 보니 젊은이들의 삶과 미래에 있어 학교나 조직의 역할이 무척 중요하다는 생각을 새삼하게 되었습니다. 사실 학교는 인생에서 터널과 같은 하나의 과정이라고 생각합니다. 이 터널을 지나고 나면 다들 자신이 좋아하는 일이나 직업을 갖게 되겠죠. 대학이라는 터널은 세상으로 나아갈 준비를 할 수 있는 곳이기에 학교는 최대한 학생들의 준비를 도와주고, 학생들도 터널 밖으로 나가기 전에 인생의 가방 안에 무엇을 담아야 할지 심사숙고해야 합니다. 예컨대 우리가 더운 나라로 여행 간다고 했을 때 가방 안에

반바지나 슬리퍼를 넣어야지, 두툼한 털옷 따위를 넣으면 안 되잖아요? 학교나 조직은 바로 그런 것들을 준비할 수 있는 곳이 되어야 합니다.

물론 학생들 스스로가 준비하기도 하고 주변에서 도움을 받을 수도 있겠죠. 이때 교수들의 전공이나 가치관 같은 것도 꽤 크게 작용합니다. 학생은 더운 나라로 떠나야 하는데, 교수가 추운 나라에서 오랫동안 공부한 사람이라면 아무래도 추운 나라에 알맞은 말을 많이 하지 않을까요? 빙판길에서는 차바퀴에 체인을 감아야 하고, 효율적으로 난방을 하려면 어떻게 해야 하고……. 하지만 더운 나라에 가는 학생들에게 이런 정보들은 별 의미가 없겠죠.

가급적 학생들이 습득할 수 있는 것들을 학교에서 효율적으로 많이 담아 갔으면 하는 것이 내 바람입니다. 보통 이런 것들을 핵심 역량이라는 범위로 이야기할 수 있는데, 저 역시 학생들에게 의사소통능력, 문제해결능력 같은 영역들을 열 가지로 나누어 가르치려고 합니다. 하지만 어떤 학생들은 서울대학교 자체만을 목표로 삼은 탓에 오직 그 목표에만 갇혀 새로운 목표를 세우지 못하는 경우도 있고, 또 어떤 학생들은 너무 세속적인 기준을 두고 특정 분야만 목표를 삼는 경우도 있습니다. 그러다 보니 사회에 나가서 직장을 몇 차례씩 이동하고 직업도 여러 번 바꿀 뿐만 아니라 자기 역할을 혼란스러워하죠. 우리는 삶 속에서 각각의 역할이 있잖아요? 직장인으로서, 배우자로서, 자녀로서, 학생으로서……. 그런데 그런 역할들을 제대로 수행하지 못하는 경우가 점점 많아지더란 말입니다. 내가 학생들에게 핵심 역량을 강조하는 것은 바로 이런 문제들을 겪지 않거나 최소화하기 위해서입니다.

## 자아 확장을 위한 도전

**핵심 역량이 부족하면 어떤 결과를 초래할까요?**

전에 억 단위 연봉을 받는 프로야구 선수들이 고작 몇백만 원 때문에 경기를 조작했다는 뉴스를 본 적이 있어요. 누가 봐도 참 어리석은 행동인데 왜 그런 우를 범하는 걸까요? 나는 이 역시도 핵심 역량의 부족에서 비롯된 결과라고 생각해요. 물론 그들은 어릴 때부터 오직 야구만 생각해 왔고 몸과 마음을 오롯이 그 분야에만 집중해 왔습니다. 정말 열심히 훈련하고 많은 고통을 이겨 냈을 거예요. 하지만 경기장이 아닌 사회라는 더 큰 공간에서 어떻게 살아가야 하는지에 대해서는 상대적으로 훈련이 덜 되어 있었을 겁니다. 사실 우리 학생들도 마찬가지예요. 학생들 역시 자신이 좋아하는 전공뿐만 아니라 사회에서 다양하게 요구되는 역량들을 함께 배워 나가야 합니다.

전에 학생처장을 할 때의 일입니다. 여러 기업의 인사 담당자들에게 "서울대학교 학생들은 다른 학교 학생들과 어떤 점이 다른가요?"하고 물어봤죠. 그랬더니 전공 지식은 풍부한 편인데 핵심적인 역량이 부족한 것 같다고 하더군요. 정의나 신념 같은, 보이지는 않지만 가슴에 담긴 인성 가치들 말입니다. 살아오면서 그 모든 것을 두루두루 균형 있게 발달시켜 왔다면 더 좋았겠지만, 사실 고등학교 때까지는 입시에만 신경을 쓸 수밖에 없고, 그렇게 들어온 대학에서는 취업에만 집중하게 되지요. 이렇게 폭이 좁은 선택을 할수록 생활에서 요구되는 선후배 관계, 동료와의 관계, 이성과의 관계, 그리고 그 관계 속에서 배울 수 있는 인성적 가치들에 소홀해지기 쉽습니다. 이런 삶은 대부분 행복과는 거리가 멀어지더군요.

나는 교수로서 학생들에게 행복한 삶을 영위하기 위해 꼭 필요한 것이 무엇인지, 또 어떻게 가르쳐야 하는지 늘 고민합니다. 사실 기업에서는 자체 인력 개발에 필요한 전문 지식들을 3개월이면 가르쳐 줄 수 있다고 합니다. 하지만 학생들이 꼭 습득해야 하는 기본적인 핵심 역량들은 그런 식으로 배울 수가 없기 때문에 더욱 중요한 것이라 생각합니다.

언젠가 경영대 학장님께서 기업의 CEO들은 서울대 출신보다 다른 학교 출신들이 더 많다는 말씀을 하시더군요. 그러면서 너무 얌전한 모범생을 길러 내기보다는 도전 정신을 좀 더 가르치는 것이 좋겠다고 하셨어요.

도전 정신 하니까 마윈 회장이 떠오르네요. 중국 알리바바 그룹의 마윈 회장은 삼수 끝에 간신히 지방의 삼류대학에 합격했죠. 대학 졸업 후엔 경찰시험을 비롯해서 대부분의 입사 시험에 내리 떨어졌어요. 24명 중 23명을 뽑는 KFC 아르바이트 채용에서도 혼자 떨어졌죠. 이런 식으로 서른 번 넘게 낙방했답니다. 하지만 마윈은 오히려 더 도전했다고 합니다. 실패를 많이 하다 보니 훗날 사업을 시작할 때쯤엔 '이제 실패에 대한 두려움이 없다'고 할 정도였다고 해요. 실패를 많이 하고, 도전도 많이 하다 보니 이골이 난 거죠.

우리 경우를 볼까요? 서울대학교 학생들은 지금 우리가 시행하고 있는 교육제도 안에서 늘 모범생이었고, 입시를 잘 치러서 들어온 경우가 많아요. 하지만 이 범위를 조금만 벗어나서 세상으로 나가면 결국 정답을 맞힐 수 없는 일투성이잖아요. 똑똑하지만 틀에 박히고 정형화된 이런 친구들에게 더욱 중요한 것은 결국 자신의 전공, 사고의 범위, 경험의 영역을 넘어서려는 도전 의식입니다. 물론 대학을 포함하여 각 기관과 조직에서도 같은 노력을 해야겠죠. 다만 우리부터가 이미 정형화된 답을 요구할 때가 많아 한편으론 안타깝습니다.

예전에 장학금 선정 과정에 참여한 적이 있는데, 그때 '학생들에게 장학금 300만 원을 준다고 해서 과연 학생들의 만족도가 높아질까?' 하는 회의가 들었어요. 그래서 글로벌 챌린지 Global challenge라는 것을 만들었어요. 이를테면 학생들이 자기 전공과 연계된 팀을 만들면 학교에서는 이 학생들에게 동남아시아 지역 여러 개도국들을 방문할 수 있는 기회를 제공하는 것입니다. 대신 학생들은 방문 기관을 통해 담당자와 약속을 잡는 등 그 국가들을 방문하기 위한 일련의 과정을 직접 해야만 했어요. 그렇게 해서 일정 기간 동안 소정의 지원금을 뒷받침해 주었는데 상당히 많은 지원자들이 모이더군요. 그때 알았어요. 학생들은 일정액의 장학금보다 직접적인 체험과 폭넓은 경험을 제공하는 것에 훨씬 더 자극을 받는다는 사실을요. 분명 학생들은 이 과정을 통해 견문도 넓어지고 전에 몰랐던 영역에 대해 시야가 열렸을 것입니다.

## 살면서 마주치는 질문에 어떻게 답할 것인가

저희들이 미처 몰랐던 영역들에서 자극을 받는다면 그만큼 가치관에도 큰 변화가 생길 것 같습니다.

그래요. 견문을 넓힌다는 것은 가치관 형성에 지대한 영향을 미칩니다. 본인이 어떤 가치관을 갖고 사느냐에 따라 인생과 운명이 결정되니까요.

살면서 우리는 매 순간 사소하지만 만만치 않은 문제들과 직면합니다. 이런 문제들에 대한 가치관과 자기 입장이 명확히 서 있는 경우는 많지 않아요. 가령 서울대의 지향점이 선한 인재를 키우는 것인데, 대부분이 옳은 가치라고 여기는 '선善'이란 과연 무엇인지 사람들에게 물어보면 착한 것, 잘 참고 인내하는 것 등을 생각합니다. 매우 막연해요. 그렇다고 그 기준을 세우기란 말처럼 쉽지 않습니다.

예를 들어, 지하철을 타려고 줄을 섰는데 어떤 할아버지가 새치기를 했다고 합시다. 노인이라곤 하지만 사실 등산복 차림에 덩치도 좋아 보입니다. 좀 더 자세히 보니 나이도 그렇게 많지는 않아 보여요. 이런 상황에서 '선한 인재'는 어떻게 행동할 것 같습니까? '할아버지, 이러시면 안 되죠' 하면서 막아설까요, 아니면 연장자니까 '할아버지, 어서 타세요!'라고 할까요? 또 다른 예를 들어 볼게요. 길을 걷고 있는데 누군가 내 앞에서 담배 연기를 날리며 걸어가고 있어요. 그때 그 사람을 불러서 주변에 피해를 주지 말라고 얘기해야 할까요, 아니면 그 사람을 이해해야 할까요? 이런 상황에서 '선한 인재'는 과연 어떻게 행동할까요?

의외로 복잡한 문제입니다. 삶 속에서 마주치는 이런 물음들을 잘 해결하기 위해서는 좀 더 명확한 가치관을 세워야 하지 않을까요? 지금의 젊은이들이 앞으로 우리 사회를 끌어 나가야 할 테니, 무엇보다 흔들리지 않는 가치관을 세워야 합니다. 또 학교에서는 이런 시도와 도전을 지지하고 지원해 주어야겠지요. 단지 강의실을 오가면서 학점만 관리하며 4년을 보낸다고 해서 옳은 가치관이 형성되지는 않습니다. 내가 보기엔 많은 학생들이 메마른 대나무처럼 느껴집니다. 그러니 부디 다양한 자극과 체험을 통해 자신만의 가치관을 세우고 열린 삶을 살아 나가기 바랍니다.

## 세상 모두가 잘 살 수 있는 큰 그릇

대학은 앞으로 맞이할 사회를 준비하는 곳인데, 대학 안에서 다양한 자극과 체험을 경험할 수 있을까요?

요즘 나는 어떻게 하면 학생들에게 좀 더 다양한 경험과 자극을 제공할 수 있을까에 대해 깊이 생각 중입니다. 졸업생들 중에는 전공 분야로 꾸준히 나간 학생들도 있고, 전공과 관계없는 일을 하는 친구들도 많이 있습니다. 결국 중요한 것은 대학에서 학생들에게 기본적인 소양을 심어 주는 것인데, 그것은 전공 교육 내에서 얼마든지 가능하다고 생각합니다. 예를 들면 문제를 함께 풀어 가는 토론식 수업이나 팀을 이루어 다양한 활동을 하는 팀별 활동, 그리고 팀별 활동의 결과를 발표하는 발표과제 등 여러 활동들을 통해서 말입니다. 이런 활동들은 전공 이외의 관심 분야나 동아리 활동들까지 두루두루 도움이 될 것입니다. 때로는 자신의 역량에 대해 한계도 느껴 보고, 새로운 체험을 마음껏 하는 것이야말로 젊은이들이 거쳐야 할 가장 중요한 과정 아니겠습니까?

컴퓨터 하나만 놓고 봐도 그것을 창의적으로 사용하는 사람과 컴퓨터 자체를 만드는 사람이 있잖아요? 젊은이들 스스로 자신이 컴퓨터를 만드는 사람인지, 사용하는 사람인지, 아니면 또 다른 컴퓨터 관련 아이디어를 창출하는 사람인지, 즉 자신이 어떤 사람이고 가야 할 방향이 어디인지 고민해야 합니다. 솔직히 나는 스스로 부가가치를 만들어 가는 학생들을 볼 때마다 수업을 충실히 듣고 학점 관리를 잘하는 학생들을 볼 때와는 또 다른 보람을 느끼곤 합니다.

예전에 보건복지부에서 5급 사무관으로 의사를 공채했던 적이 있었습니다. 서울대학교 의과대학에서는 매번 그곳으로 가는 사람들이 있었지요. 그나마 공공의료를 통해 자아를 실현하려는 학생이 서울대학교 안에 더러 있다는 점에서 참 뿌듯했습니다. 5급 사무관의 월급이 상대적으로 박봉일 수는 있죠. 그런데도 가서 즐거운 마음으로 일합니다. 단순히 돈을 벌기보다 자기의 꿈을 이루려는 거죠.

물론 먹고사는 문제는 중요하죠. 그래서 경영대학은 공인회계사, 의사는 성형외과, 이런 식의 등식이 만들어지기도 했어요. 하지만 돈을 가장 우선으로 둔 삶은 결국 내 삶을 전체적으로 보았을 때 잃는 면이 많을 거예요. 죽기 전에 자신의 삶을 돌아보며 주식 투자에 목을 매며 살았던 나날, 환자들을 보며 치료보다 돈을 더 많이 생각한 일들이 떠오른다면 정말 안타깝지 않겠어요? 결국 돈보다는 자신이 보람과 행복을 느끼는 것이 우선되어야 한다고 생각합니다.

그러면 다시 생각해 봅시다. 물론 쉽지 않겠지만, 우리의 목표는 세상 모든 사람들이 함께 잘 살 수 있는 큰 그릇을 만드는 것이어야 합니다. 만약 여러 사람들을 채워 주기 위해 만든 그릇에 자기가 먼저 들어가서 편안한 곳에 있으려 한다면 이 사람은 정말 자격이 없는 것입니다. '교육의 90% 이상이 용기를 주는 것에 있다'는 말이 있는데, 서로 힘들 때마다 '너는 대단해!' 하며 용기를 북돋아 주고 함께 가는 것이 우리가 가야 할 올바른 방향입니다.

그러나 한편으로 서울대생들을 보면서 느낀 점입니다만, 대부분 자존감이 무척 약한 것 같습니다. 이것은 전공을 불문하고 공통적으로 느껴지는 부분인데, 서울대생이라고 하면 보통 사회에서 똑똑하게 보는 시각들이 있잖아요? 예컨대 서울대생이 영어 학원에 들어가서 자기소개를 하면 다들 서울대생이니까 영어를 잘할 거라고 생각한다고 해요. 그래서 다음부터는 그냥 회사 다닌다고 하거나 재수한다고 소개한답니다. 서울대생이라고 밝히는 순간 주변의 기대가 높아지는 것이 너무 부담스러운 거죠.

그런가 하면 빈부 격차로 인해 열등감이 생기기도 합니다. 가령 같은 학년에서 차를 몰고 다니는 학생이 있는가 하면 등록금이 없어 아르바이트를 해 가며 꼬박꼬박 돈을 모아야 하는 학생도 있습니다. 이런 차이가 생기다 보니 거기서 느끼는 열등감 때문에 자기 자신이 잘할 수 있는 것도 해내지 못하는 경우가 많아요.

이런 열등감은 어떻게 극복하면 좋을까요? 내 생각에는 '자기 수용'이 가장 좋은 방법인 것 같아요. 나는 나이고 너는 너라고 받아들이는 겁니다. 우리 집은 가난하지만 그래도 우리 집이고, 나의 가족이라는 사실을 바로 직시하며 앞으로 나아가는 태도가 필요합니다. 즉, 나를 있는 그대로 받아들이는 게 가장 중요한 시작인 거지요. 두 번째로는 그럼에도 이렇게 열심히 공부하며 살아가고 있는 자신을 참 대단하다고 여기는 '자기 존중'입니다. 세 번째로는 비전을 설정하는 것입니다. 비전을 설정할 때 '어떻게 먹고살 것인가' 하는 문제를 만나게 될 것입니다. 또 돈을 벌려는 목적과 목표도 설정해야 할 거예요. 그때 앞서 말했던 두 가지 방법으로 열등감을 잘 극복했다면, 지금 나는 비록 어렵지만 열심히 공부하고 있고, 나중에 나처럼 어려운 처지에 있는 사람들을 도와주기 위해 어떻게 돈을 벌어야겠다는 구체적인 목표를 세울 수 있습니다.

## 어떤 가치를 선택할 것인가

사회에서 젊은이들에게 기대하는 역할들이 많은데, 사실 대학에서만 보더라도 전공 외의 분야를 알 수 있는 기회가 적은 것이 사실입니다. 또 공부뿐만 아니라 사회에서 제가 해야 할 역할들도 다양한데 그 역할들 간에 괴리감이 생기기도 하고요. 교수님께서 말씀해 주신 대로 이 역할들을 그대로 수용하면서 앞날을 계획해야 할 텐데 참 어렵습니다.

소퍼라는 학자가 '커리어 롤'이라는 개념을 이야기한 적이 있어요. 일상에서 수행하는 역할을 이야기한 것인데 가장 먼저 자녀로서의 역할을 이야기합니다. 그리고 학생으로서의 역할, 직업인으로서의 역할, 취미생활자로서의 역할을 이야기합니다. 우리나라 남자들은 군인으로서의 역할도 포함되겠죠.

바람직한 인생을 위해서는 이처럼 다양한 역할들을 잘 수행할 수 있도록 배우고 노력해야 합니다. 그러기 위해서는 세 가지 선택을 잘해야 하죠. 세 가지 선택이란 직업의 선택, 배우자의 선택, 가치관의 선택입니다.

먼저 직업의 선택에 대해 이야기해 볼게요. 우리나라는 지금 1,000여 개의 직업이 있다고 합니다. 사람에 따라 하면 할수록 역량을 잘 발휘하는 일이 있고, 반대로 아무리 노력해도 자괴감만 드는 일도 있죠. 결국 수많은 직업들 중에서 나에게 맞는 것을 선택해야 합니다. 어떤 사람은 영업에 맞고, 어떤 사람은 체질적으로 연구직에 맞듯이 말입니다. 따라서 내가 어떤 성향인지 스스로 파악한 뒤에 가장 적합한 직업을 준비하는 것이 중요하죠.

배우자의 선택이란 좋은 짝을 만나야 한다는 의미인데, 좋은 짝이 경제적으로 여유로운 상대를 말하는 것은 결코 아닙니다. 정말 중요한 것은 내 가치를 인정해 주는 사람을 만나는 것입니다.

가치관의 선택이란 삶의 모든 분야에 걸쳐 어떤 것에 가치를 두고 살아갈지를 결정하는 일입니다. 가치관에 따라 누군가는 오직 나 자신을 위해 종을 울리고, 자신이 배운 것을 자기 자신에게만 줍니다. 반면에 남과 나누는 것에 가치를 두는 사람들도 있습니다. 가치관 하나로 삶의 모습이 하늘과 땅만큼 차이가 나죠?

다들 삶에서 이 세 가지 선택이 매우 중요하다고는 하지만,

정작 우리는 초등학교 때부터 대학교까지 이것에 대한 교육은 따로 받지 못하잖아요? 그러다 보니 정작 인생의 중대한 선택 앞에서 힘들어하는 경우가 많이 생기는 것 같습니다.

  분명한 것은 전공 분야에 대한 노력도 중요하지만 한 개인의 기본적인 바탕을 풍성하게 갖추어 나가지 않으면 결국 내가 가진 재능들이 나의 행복으로 이어지지 않을 수 있다는 사실입니다.

  세상의 직업에는 스포츠처럼 일찍 시작해서 일찍 은퇴하는 분야도 있고, 교수직처럼 늦게 시작해서 늦게 은퇴하는 분야도 있습니다. 하지만 분야를 불문하고 하나에만 지나치게 몰두하는 삶이 과연 행복할까요? 물론 한곳만 바라보며 반복하는 훈련이 사람을 성장시키기도 하지만, 때로는 주변으로 눈을 돌려 세상의 다양한 것들을 겪고 느끼며 성장하는 것이 우리 삶에 더 큰 도움을 주기도 합니다. 문득 이런 말이 생각나네요. "야생마는 생각하기 위해 멈추고, 경주마는 생각하지 않기 위해 달린다."

  이제 삶에 대해 여러 가지 생각을 하며 달려야겠죠? 결혼, 가치관 등등 말입니다. 이러한 방향성 없이 맹목적으로 추구하는 '속도의 삶'만으로는 행복에 가까워지기 힘들 겁니다.

 ## 연구실을 나서며

　내가 기쁠 때, 슬플 때, 아플 때, 혹은 실수해서 부끄러워할 때 가장 잘 아는 사람이 누구일까? 나를 가장 잘 이해해 주고 사랑해 줄 수 있는 단 한 명이 있다면 그것은 누구일까?

　우리는 모두 타인에게 이해받고 사랑받기를 원한다. 그러나 사실 나를 가장 잘 알고 이해해 주며 사랑해 줄 수 있는 사람은 나 자신뿐이다.

　나를 존재하는 그대로 이해하고 수용하는 일, 나아가 내가 나아갈 방향을 바라보는 일은 이 세상에서 오로지 나 자신만이 할 수 있는 특별한 일이다. 동시에 그 지점이 바로 세상 모든 일의 시작점이 된다. 그래서 나 자신이 먼저 선하고 행복해야 하는 것이다. 있는 그대로! 그래야 비로소 최고의 것들을 남에게도 전해 줄 수 있을 테니까.

## 민주화의 길

세상 사람들이 대한민국이라는 나라에 대해 이야기할 때 주로 두 가지 점에서 경이로움을 표한다. 하나는 전쟁의 폐허 위에서 초고속으로 경제성장을 이루었다는 점이고, 다른 하나는 거기서 그치지 않고 민주화까지 성취했다는 점이다.

사실 오늘날의 젊은 세대에게 '민주화'라는 단어는 피부에 썩 와 닿지 않을 수 있다. 우리가 민주화된 사회 속에 살아가고 있기 때문일 것이다. 하지만 우리가 당연하게 여기는 민주 사회를 만들어 가는 과정은 결코 당연하지 않았다.

불과 30여 년 전, 지금의 나와 비슷한 나이였던 누군가는 나처럼 강의실에서 밝은 미래와 행복한 삶을 꿈꾸었을 것이다. 그러나 강의실 밖의 현실은 그런 꿈과는 정반대의 암울한 세상이었다. 학생들은 캠퍼스라는 경계를 사이에 두고 벌어지는 꿈과 현실의 엄청난 괴리 앞에서 분노했다. 물론 그 분노는 자기 자신만을 위한 이기적인 분노가 아니었다.

  마침내 그들은 춥고 낮은 곳에 사는 소외된 사람들을 위해 지식을 전파하기 시작했고, 상식과 정의가 통하는 세상을 위해 거리로 나가 온몸으로 답을 구하려 했다. 그러나 불합리한 현실은 그들에게 답이 아닌 최루탄 가스를 되돌려 주었다.

  수많은 열사들, 대의를 위해 자기 몸을 던진 선배들 덕분에 이 땅의 민주화가 가능했다는 사실을 우리는 모두 잘 알고 있다. 이곳 서울대학교 '민주화의 길'은 그들을 기리는 기념비적 공간이다.

  사실 이 길은 특별히 잘 다듬어진 길이 아니다. 멋지거나 화려하지도 않다. 16개의 추모비를 따라가는 이 길은 오히려 너무 평범해서 학생들이 발걸음을 멈추고 다가서지 않고는 알 수 없다. 하지만 나는 이 길을 걸을 때마다 걸음이 느려지고 마음이 한없이 낮아진다. 당연하지 않은가? 지식인의 본분으로 사회의 불합리에 맞서 정의를 찾아 나선 학생들의 붉은 흔적 앞에서 어떻게 들뜬 걸음을 걸을 수 있겠는가.

  세상 모든 사람은 길 위에서 평등하다. 정규직이건 비정규직이건, 학생이건 교수건 모두가 평생 제 몫의

길을 묵묵히 걸어간다. '어쩌면 민주화의 길은 우리의 일상 위에 녹아들어 있기에 더욱 아름답고 소중한 것이 아닐까?'라고 혼자 생각해 보며 오늘도 이 길을 걸어 다음 강의실로 향한다.

혼자 있다 보면
만나게 되는 것

인문대학 종교학과
**배철현 교수**

배철현 교수는 고대 언어와 문명에 매료되어 하버드 대학교에서 셈족어와 인도-이란어 고전문헌학으로 박사 학위를 받았다. 현재 서울대학교 인문대학 종교학과 교수이며, 건명원 운영위원, 아모레퍼시픽 문화재단 이사를 맡고 있다. 지은 책으로는 《창세기, 샤갈이 그림으로 말하다》(2010), 《신의 위대한 질문》(2015), 《인간의 위대한 질문》(2015), 《심연》(2016), 《인간의 위대한 여정》(2017) 등이 있다. 최근에는 요가 수트라와 단테의 인페르노, 그리고 조각가 자코메티를 공부하고 있다.

 ## 연구실에 들어서며

　우리는 참으로 복잡다단하고 빠른 시대에 살고 있다. 모든 것이 늘 변화하고, 모였다 흩어지기를 반복하며 실시간으로 새로운 정보들이 쏟아진다. 그만큼 익혀야 할 것, 배워야 할 것, 생각해야 할 것이 쌓여 간다. 그래서 우리는 언제나 시간에 쫓기고, 준비는 한없이 부족하다. 한마디로 살인적이다.

　모두에게 똑같이 주어진 24시간, 모두에게 불안하고 힘든 24시간……. 그럼에도 누군가는 그 24시간을 여유롭고도 충만하게 살았을 것이다.

　예수, 석가, 아인슈타인, 소크라테스, 간디, 피카소, 스티브 잡스……. 그들은 우리와 어떤 점이 달랐을까? 어느 광고 카피처럼 그들이 "사물을 다르게 보고, 규칙을 좋아하지 않으며, 현상 유지에 만족하지 않았기" 때문이었을까? 단지 그게 다일까?

　배철현 교수님께서는 이 질문에 가장 깊숙하고 본질적인 답을 주셨다.

　나는 교수님을 4년 전 한 강연장에서 처음 뵈었다. 그때 교수님은 지금까지 인류 문명을 열어 왔고, 또 앞으로 열어 갈 키워드는 '이기적인 유전자'가 아니라 '자비'라고 강조하셨다. 그 순간 나는 교수님의 팬이 되어 버렸다. 4년이 흘러 교수님을 다시 뵀을 때 내 입에서는 "교수님, 정말 영광입니다"라는 말이 자연스럽게 흘러나왔다.

## 나에 의한, 나를 위한, 나만의 기준, 그리고 카리스마

교수님, 안녕하세요. 4년 전 교수님 강연 이후 이렇게 다시 뵙게 돼서 정말 영광입니다. 오늘은 이 시대를 살아가는 젊은이들에게 교수님께서 해 주시는, 힘이 되는 한 말씀을 듣고자 찾아왔습니다.

그때 강연을 아직까지 기억해 주다니, 나야말로 고맙군요. 정말 반갑습니다.

오늘 내가 해 줄 이야기는 우선 '자기 기준'입니다. 나는 사람에게 가장 중요한 것이 '자기 기준'이라고 생각합니다. 기준이라고 하면 흔히 누군가 정해 놓은 것에 맞춘다는 생각을 갖고 있지만 그렇지 않아요. '자기에 대하여', '자기가 만든' 기준이어야 합니다. 그래야만 그 기준이 '나'를 만들어 가게 됩니다. 문제는 대부분의 젊은이들이 다른 사람의 기준에 스스로를 맞춘다는 것입니다. 그렇게 타인의 말, 타인의 관념과 기준에 귀를 기울이다 보니 자연히 '경쟁'이란 걸 할 수밖에 없죠. 모든 것을 다른 사람이 만든 기준에 맞춰야 하니까 말입니다. 안타깝지만 우리 주변에 100명 중 99명은 그런 삶을 살고 있다고 해도 과언이 아닐 겁니다. 그럼 나머지 1%는 어떤 사람들일까요? 혁신적이고 창의적인 사람들이겠죠. 그들은 남의 기준에 지배당하지 않습니다. 자기 기준이 가장 중요하기 때문입니다.

그렇다면 교수님, 자기 기준은 어떻게 세워야 할까요?

스스로 자기 자신을 오랫동안 인내하며 바라볼 때 비로소 자기 기준이 생기게 됩니다. 여기서 인내하면서 본다는 것은 '자꾸 보는 것'을 의미합니다. 무엇이든 한두 번에 그치지 않고 자꾸자꾸 봐야만 진가가 보이지 않나요? 하지만 대부분의 사람들은 그저 한 번 휙 보고 맙니다. 보긴 봤지만 사실 본 것이라 말하기는 어렵죠.

나 자신을 자꾸 바라보면 또 다른 나의 새로운 생각들을 만나게 됩니다. 바로 그 지점에서부터 자기 기준이 조금씩 생겨납니다. 어쩌면 자기 기준이란 매일 아침마다 새로워지는 것이라 할 수 있죠. 만일 어제의 기준과 오늘의 기준이 똑같다면 그건 정체를 의미합니다. 그래서일까요? 보통 사람들은 자기 기준을 새롭게 만들기는커녕 그것을 의식조차 하지 않고 살아갑니다. 그러다 보니 '학연, 지연, 혈연'에서 자유롭지 못하죠. 이런 것들이 자기를 나타내고, 보장해 줄 수 있다고 착각하는 겁니다. 하지만 그것들은 '나 자신'이 아니거든요. 자기 자신을 생각하면서 가야 할 길을 스스로 정하고, 사회의 통념이 정해 놓은 기준에서 벗어나 독립적인 주체로 자립해야 합니다.

자기 자신을 생각하는 것은 지금 이 시점에서 내가 원하는 것에 대해 끊임없이 묻는 것부터 시작합니다. 끊임없이 묻기를 시작할 때에 비로소 알게 될 겁니다. 나를 방해하는 것들이 바로 '사회'라는 사실을 말입니다. 사람들의 귓전을 끝없이 간지럽히는 속삭임이 있죠. '사회가 원하는 것이 바로 당신이 원하는 것'이라는 속삭임 말입니다. 그래서 우리 젊은이들은 너 나 할 것 없이 대기업에, 고시에 매달립니다. 스스로 너무나 자신 감이 없기 때문에 더욱 집요하게 매달리는 겁니다.

세상의 어떤 것보다도 자신에게 집중하고 자신의 기준을 확실하게 세운 사람들만이 가질 수 있는 특별한 것이 있습니다. 나는 그것이 '아우라'이고 '카리스마'라고 말해 주고 싶습니다. 카리스마는 결국 내가 스스로 만드는 것입니다. 그리고 주변 사람들은 카리스마 있는 사람을 보며 감동하기 시작합니다. 보는 사람들로 하여금 자기도 모르게 '나도 저 사람처럼 살고 싶다'는 마음이 들게 하고 열광하게 하는 겁니다.

그런 예들을 어디서 볼 수 있을까요? 전시회장에서 멋진 그림을 보며 감동과 충격에 휩싸일 때, 연주회장에서 최선을 다해 연주하는 음악가의 열정적인 모습을 볼 때 우리는 압도당합니다. 그래서 나는 자기 자신을 항상 무대 위에 세워야 한다고 이야기합니다.

## 성문 위에서 자기 자신을 지켜보라

그럼, 스스로 무대에 선 다음 관객들에게 무엇을 어떻게 보여 줘야 할까요?

그 문제는 결국 '성문城門'과 통한다고 말할 수 있습니다. 성문은 다음 단계로 나아가기 위해 반드시 통과해야 할 공간을 의미합니다. 즉 A에서 B로 간다고 했을 때 그 중간 과정이 성문입니다. 우리가 알고 있는 성문castle gate은 동사로 '성문 위에서 나를 지켜본다'는 뜻이 되기도 합니다.

성문을 통과하기 위해서는 반드시 해야 할 일이 있습니다. 가령 다른 나라에 들어가려면 우선 비자를 확인받고 '왜 왔는가?', '어디에서 묵을 것인가?' 같은 질문을 받게 되죠. 이처럼 도착지로 가기 위해 성문을 통과하려는 사람은 자기가 살아온 궤적과 자기가 어디로 가야 하는지, 왜 왔는지 등을 알아야 합니다.

결국 성문을 무사히 통과하려면 스스로 성문 위에서 '나'를 내려다보고 매 순간 지켜보아야 합니다. 물론 이 말은 '다중인격'을 의미하는 게 아닙니다. 나를 의식하고 오랫동안 생각하게 되면, 마치 구경꾼처럼 내 모습을 지켜볼 수 있게 된다는 뜻입니다. 꾸준히 나를 지켜보다 보면 항상 새롭게 변화하려는 자신을 보게 될 것입니다. 구태의연하고 진부한 자신의 모습을 참지 못하는 겁니다.

여기서 진부하다는 것은 '내게 뭔가 특별한 것이 있다'면서 그 생각에만 탐닉하는 것을 말합니다. 사실 누구에게나 자기만의 장점, 즉 특별한 것이 있죠. 하지만 그 장점을 그저 즐기는 사람과 매일매일 그것을 버리고 다시 새로운 기준을 세우며 살아가는 사람 중에서 누가 신선하고, 누가 진부할까요? 아무리 빛나는 장점이라도 매일매일 변화 없이 그저 지니고만 있다 보면 결국 썩게 됩니다. 실제로 대부분의 사람들이 그래요.

최근 저에게 세속적으로 꽤 가치가 있어 보이는 제의가 들어온 적이 있었습니다. 그런데 결국 거절했습니다. 남들 눈에는 거절할 이유가 전혀 없어 보였겠지만, 제 기준에는 맞지 않았기 때문이었습니다.

**하지만 부작용도 만만치 않을 것 같은데요? 독불장군처럼 보일 수도 있고, 또 거절함으로써 많은 것을 놓칠 수도 있을 것 같습니다.**

물론 나도 처음에는 약간 신경이 쓰였죠. '남들이 나를 좀 건방지다고 생각하지 않을까?' 하고 말입니다. 하지만 오히려 그런 생각 때문에 내가 건방져 보일 수 있다는 사실을 알게 되었습니다. 반대로 나 자신에게 충실하면 남들이 나를 겸손하게 봐 주고 이해해 주더라고요.

자기 기준에 따라 자신감 있게 살아가는 사람들은 남들을 따라가지 않습니다. 오히려 남들이 끌려옵니다. 사람들은 여기저기 눈치 보지 않고 자기 방식대로 살아가는 특별한 사람들을 부러워하기 때문이지요. 그러니 항상 나를 내려다보고 새로운 것, 자신을 감동시킬 수 있는 것을 찾아 나서서 내 인생의 무대 위에서 보여 주길 바랍니다. 자기 자신을 감동시키지 못하면 세상 그 누구도 감동시킬 수 없습니다. 나는 강의할 때도, 글을 쓸 때도 늘 이 점을 염두에 둡니다. 이런 습관을 잃지만 않는다면 내일의 나는 오늘보다 좀 더 새로워지겠죠.

## 혼자 있는 시간

교수님, 지금 당장 무엇을 해야 할까요? 바쁘다는 핑계로, 세상의 정보들이 너무 많다는 핑계로 자신을 들여다볼 여유도, 용기도 나지 않으면 어떡하면 되는지요?

혼자 있어야 합니다. 세상 모든 사람이 그렇지만 특히 우리 젊은이들이 가장 못 하는 게 '혼자 있기'입니다. 외로움을 견디지 못하죠. 하지만 혼자 있는 시간은 결국 나를 위대하게 만들어 줍니다. 외로움을 넘어 고독의 한복판에서 자신의 영혼과 마주해야 합니다.

저 역시 외로움과 고독은 다르다고 생각합니다. 이를 하나의 방으로 비유한다면 외로움은 방문을 사방으로 모두 닫아 둔 상태이고, 고독은 방문이 다 열린 상태가 아닐까 싶습니다. 그 속을 바람도 통과하고 사람들도 지나다니고 말입니다. 하지만 이것은 우리에게 내가 아닌 어딘가에 휘둘리지 않고 스스로를 바라보며 생각하고 선택해 나갈 수 있는 시공간이 되어 줄 것이라 생각됩니다.

바로 그거예요. 더 나아가 혼자 있는 사람은 진정 다른 사람들과 대화할 수 있는 사람입니다. 사실 대부분의 대화는 경청보다는 자기 이야기를 하는 데 급급하고, 그마저도 쓸데없는 이야기인 경우가 많죠. 하지만 혼자 있는 시간을 자주 갖는 사람은 상대방과 진중하게 대화할 수 있습니다. 혼자 있을 때 자기 생각이 정리되고, 그렇게 정리된 생각을 상대방과 진심으로 주고 받으면서 상대방의 다른 의견을 더 잘 받아들일 수 있기 때문입니다. 결국 혼자 있을 줄 아는 사람들은 뚜렷한 의견을 가지고 진지하게 대화함으로써 다른 사람들과 함께하는 시간을 충만하게 합니다. 레오나르도 다빈치, 아인슈타인, 예수, 석가, 셰익스피어……, 모두 자신을 바라보며 혼자 있었던 사람들입니다.

다시 한 번 강조하지만, 우리 젊은이들에게는 '혼자 있는 시간'이 정말 필요합니다. 물론 힘들겠죠. 혼자서 어디 먼 곳으로 떠나라는 말이 아닙니다. 시간과 장소는 중요하지 않아요. 언제 어디서든 스스로 '혼자' 있겠다고 정한 그 순간, 그 공간이 바로 메카요, 예루살렘이요, 히말라야가 되는 겁니다. 아침에 일어나서 스마트폰 끄고 30분이라도 혼자 있어 보세요.

## 지속적으로 솟는 샘물 같은 자극

혼자 있다 보면 아까 교수님께서 말씀해 주셨듯이 세상과 사회가 그들의 기준으로 저를 독촉하기 시작합니다. 마치 성문을 지키는 몬스터와 같이 말입니다. '빨리 세상으로 나와!', '너 지금 거기서 뭐 하고 있는 거야, 부끄럽지 않아?' 하면서 말입니다. 어쩌면 제 안에 있는 몬스터일 수도 있고, 외부적으로 오랜 시간 굳어져 버린 관습과 습관들이 저를 못살게 구는 것일 수도 있는데요. 그 안에서 저 자신을 온전하고 안전하게 지켜 내기란 정말 쉽지 않은 것 같습니다.

쉽지 않지요.

그럼에도 계속 자신을 바라보려고 노력하는 모든 사람을 위해 해 주고 싶으신 말씀이 있는지요?

기준 자체가 자기 자신에게 있기 때문에, 스스로 그 기준을 만들어 가며 매일매일 자신을 변화시키도록 노력하고 정진할 때에 바로 '행복'이라는 선물이 나에게 옵니다. 행복이란 인간이 추구해야 할 정말 중요한 가치입니다. 그 행복을 맛본 사람들이 만나 '사랑'이라는 것을 하기 때문이죠.

교수님은 구도자의 삶을 사셨지만 지금은 속세에서 많은 사람들의 스승으로 계십니다. 또 배움을 구하는 젊은이들과 함께 할 수 있는 조직을 만드셨고, 직접 학생들을 가르치고 계십니다. 여기에 혹시 뭔가 특별한 이유가 있는지요?

물론 나의 의지도 있었지만, 젊은이들을 위해 강의하고 계신 다른 선생님들과 함께 가기로 한 길이었죠. 그래서 더욱 의미 있는 것 같습니다.

교수님께 배우러 온 젊은이들 중에는 아무것도 모르는 상황에서 배움을 시작하는 경우도 있고, 더러는 학문적 동기보다는 세속적인 필요에 의해서 찾아오는 경우도 있을 것 같습니다.

그래서 나도 늘 자신에게 물어봅니다. '이처럼 제한적인 범위 안에서 학생들을 가르치는 것이 대체 무슨 의미가 있을까, 과연 이것이 최선인가?' 하고 말입니다. 매 순간 '이것이 진정 내가 하고 싶은 일인가?' 하고 묻기도 합니다. 하지만 결국 대답은 '그렇다'입니다. 내가 추구하는 일, 하고 싶은 일을 결정할 때 남들이 생각하는 기준은 늘 이차적인 문제라고 생각합니다. 결국 '내가 하고 싶은 것'이 나와 모두에게 가장 중요하겠죠.

물론 하고 싶은 일을 하며 살아도 때로는 지겨워질 때가 있습니다. 하지만 진정 원하는 일을 하고 있다면 자기 안에서 샘물처럼 신선한 자극이 솟아나도록 해야 합니다. 전에 제주도 서귀포로 이사한 적이 있었어요. 이유는 간단합니다. 매일매일 사람들을 보는 상황이 싫어졌기 때문입니다. 그래서 서귀포로 훌쩍 떠난 건데, 학교에 출퇴근하기가 너무 힘들더군요. 그런데 얼마쯤 지나니 서귀포와 서울 사이의 공간과 그 사이를 오가는 시간이 오히려 즐거움으로 다가왔습니다. 그 시간에 유독 많은 생각, 그러니까 평소에는 잘 떠오르지 않는 재미있는 생각들이 샘솟는다는 것을 알았거든요. 실제로 참 많은 생각을 하며 즐거운 시간을 보낸 것 같아요. 이를테면 단조로운 일상 속에 나만의 '생각 여행'을 끼워 넣은 셈이죠.

나는 내면에 샘물이 있다면 그 샘물이 바다를 채울 수도 있다고 생각합니다. 샘물이 지속적으로 솟기만 한다면 말입니다. 여기서 바다란 '삶'이고 '세상'이겠죠. 내면의 샘물이 지속적으로 솟아 주기만 한다면 우리는 결국 바다를 즐겁고 행복하게 채울 수 있을 겁니다. 중요한 것은 '지속적으로 나옴'이겠죠.

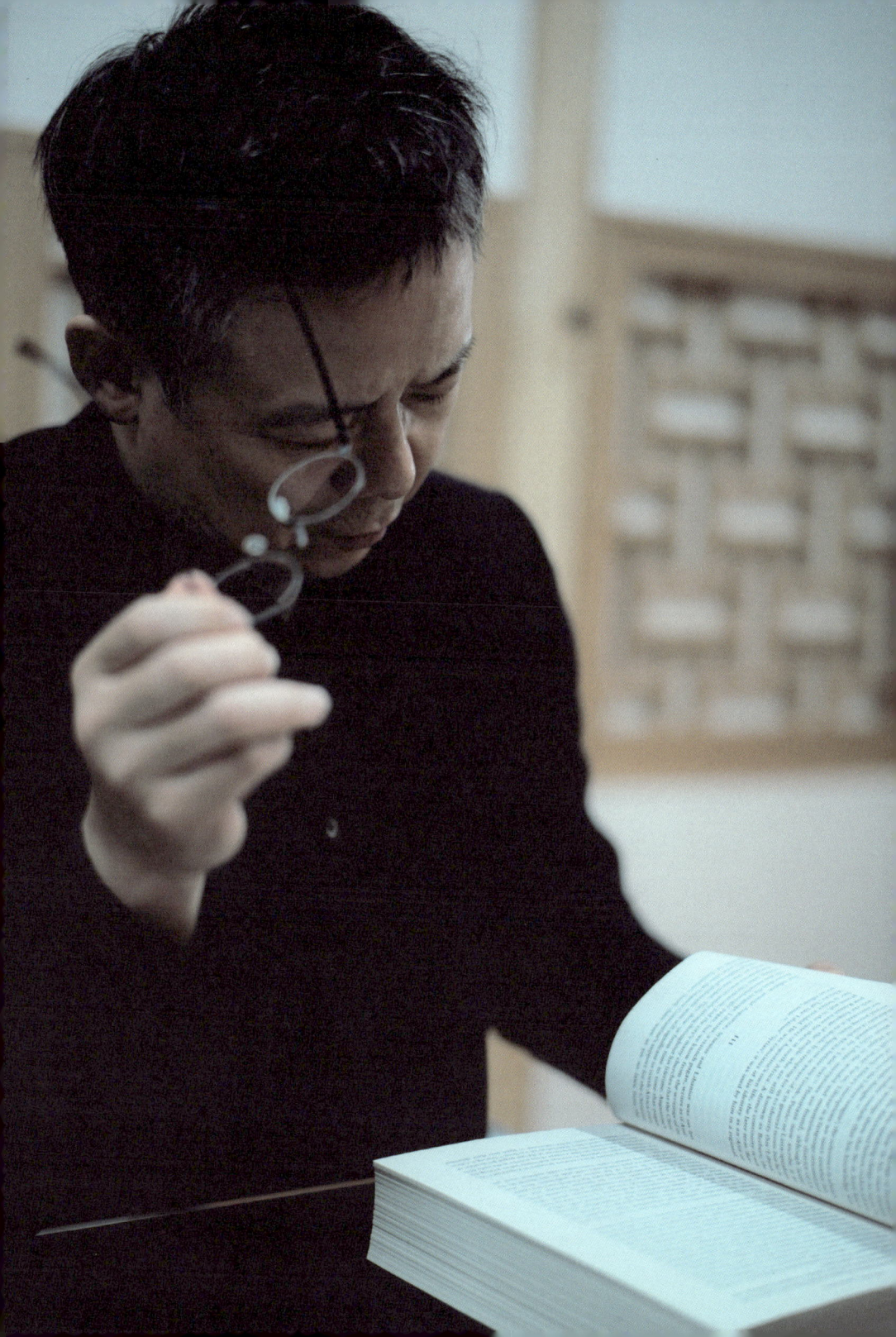

## 내 주제는 내가 사랑할 때 비로소 위대해진다

자기 기준을 세우고 그 길을 가고 있는데, 그게 때로는 잘못된 길일 수도 있지 않을까요? 그런가 하면 눈앞에 펼쳐진 다양한 길과 여러 선택 상황들 중에서 나에게 맞는 것을 찾아내기란 현재의 생각이나 안목, 그리고 내공으로는 부족한 부분이 많을 것 같습니다. 물론 그 후에 지켜 나가는 것 역시나 쉽지 않을 것 같다는 생각이 듭니다. 이런 방황의 상황에서 어떻게 스스로를 돌아보며 판단해야 할까요?

'길道'이라는 것은 목적지가 아닙니다. 과정입니다. 물론 저 역시 그 과정 속에서 같은 고민을 했습니다. 그러나 이 고민은 예컨대 '나는 왜 한국 사람으로 태어났을까?'라는 질문과 똑같은 것이었습니다. 이미 주어진 것들이 마음에 들지 않으니 바뀌길 바라는 마음에서 그런 고민을 한 것이지요. 물론 이러한 상황을 송두리째 버리는 사람도 가끔 있긴 하지만, '이미 내게 주어진 이 환경을 내가 가지고 간다!' 하는 것에서 시작하는 게 맞아요. 그러니까 길 위에 올라선 사람이 해야 할 일은 '이 길이 맞을까?' 의심하고 고민하는 것이 아니라 정성을 다해 그 길을 걷는 것입니다.

100세 시대인 오늘날, 평생에 걸쳐 서너 번 정도 직업이 바뀔 수도 있지 않겠어요? 그러니 앞으로 20년 동안 실컷 하고 싶은 걸 하다가 또 다른 기회를 만날 수도 있을 겁니다. 중요한 것은 늘 하고 싶고 좋아하는 것만 쫓아다닐 게 아니라, '내가 사랑할 때 비로소 그것이 위대해진다는 것'을 깨닫는 것입니다. 내가 사랑하지 않으면 그 누구도 그것을 사랑하지 않습니다. 내가 내 주제를 세상에서 가장 소중한 것이라고 생각하는 순간 다른 사람 역시 그것을 위대하게 생각할 것입니다. 그건 확연히 티가 납니다.

## 잠시 스마트폰을 끄고 자신에게 집중하라

저희같이 젊은 세대는 앞으로 평생 자신의 신체 가까이에 스마트폰을 두고 살아가겠지요? 생각해 보면 아무것도 아닌 물체를 끄는 것, 즉 세상을 차단하는 것은 어쩌면 저부터가 실천해야 할 가장 쉽지만 힘든 일인 것 같습니다.

그렇지요. 정리하자면, 자기 자신에게 집중하고 원하는 것을 끊임없이 물으면서 그 과정에 서 있는 것은 해답이 주어져 있지 않기에 항상 불안할 수밖에 없어요. 게다가 스스로 '바로 이 길이야!'라고 생각할 때는 뒤처져 있기도 해요. 자기 기준을 세우는 과정은 이러한 불안과 긴장을 동반하곤 하죠. 그래서 다들 자기 자신을 만나야 할 시간에 습관적으로 중독처럼 스마트폰을 켜고 '세상'에 접속하려는 거겠죠.

그럼에도 이 불안한 과정을 즐길 수 있어야 하지 않을까요? 어떻게 될지 모르고, 매 순간 긴장을 느낄 수도 있지만, 그것들을 견디고 즐길 수 있는 내성을 스스로 만들어야 할 겁니다. 그렇게 자기 기준을 세워 갈수록 변화를 느끼게 될 거예요. 자기 기준을 가진 사람으로 살게 되면 세상살이가 한결 편해지고, 원하는 것에 오롯이 집중할 수 있게 됩니다.

무의식적으로 스마트폰을 꺼낼 때마다 잠시나마 전원을 끄는 습관을 가져 보세요. 다른 세상을 끄고 자신에게 집중해 보세요. 단 30분이라도.

 ## 연구실을 나서며

위대한 사람들과 나의 차이는 결국 '자기 기준'이었다. 내 안에서 형성된 기준이 나를 만들어 간다. 그 외의 것들은 나를 온전하게 해 주지 못한다. 스스로 혼자만의 시간 속에 들어와 있을 때 주변은 고요해지고, 들리는 것이라곤 오직 내 심장 소리뿐일 것이다. 그렇게 마침내 나를 만나게 되면 스스로 묻게 될 것이다.

'내가 정말 원하는 것이 무엇인가?'

다음으로 묻게 될 것이다.

'네가 원하는 것은 무엇인가?'

그때 비로소 그동안 보지 못했던 '다음'으로 가는 성문이 우리 앞에 펼쳐질 것이다.

## 두 개의 도서관, 그리고 또 하나

종이 위에 글이 적힌다. 텅 비어 있던 종이에 의미가 생겨난다. 그렇게 종이가 하나둘 모여 새로운 운명으로 묶인다. 우리는 그것을 '책'이라 부른다.

종이와 종이가 만나 책이 되었다면, 책과 책의 만남은 무엇을 이룰까? 나는 '파도'의 이미지를 상상해 본다. 펼쳐진 페이지들이 파도를 이루어 책과 책 사이를 넘나들며 넘실댄다. 그렇게 우리는 파도들을 헤치며 앞으로 나아가 보기도 하고, 때론 출렁이는 흐름에 몸을 내맡기며 새로운 세상들을 만난다(물론 항해의 과정이 늘 즐거울 수는 없겠지만).

파도와 파도가 만난다면? 나는 그것을 '바다'라 표현하고 싶다. 결국 세상의 모든 것에 궁금증이 가득한 사람들은 책의 파도가 넘실대는 바다의 항해자가 되고 만다.

서울대학교에는 두 개의 도서관이 있다. 하나는 오래된 도서관으로 장서량만큼은 국내에서 가장 큰 '바다'에 속한다. 다른 하나는 '관정도서관'이다. 외관이 매우 현대적이며, 멀리서 보건 가까이서 보건 거대한

파도와 닮아 있다. 이 두 개의 도서관은 사이좋게 서로를 품에 안고 있는 형상으로 지어졌다.

   나는 이 공간을 사랑한다. 흔히 인간은 하루에 오만 가지 생각을 한다고 하지 않던가? 하루가 지나면 그 오만 가지 생각 대부분은 그저 연기처럼 흩어지고, 다음 날 또 다른 오만 가지 생각을 하면서 우리는 살아간다. 하지만 이 공간에 들어서면 그냥 지나쳐 버릴 오만 가지 생각들을 5만 가지의 파도를 타면서 새롭게 만날 수 있다. 그래서 나에게 이 공간은 더없이 소중하다. 아, 그러고 보니 서울대학교에는 또 하나의 도서관이 있다. 바로 왕의 서재, 규장각이다.

옛 건물과 현대의 건물이 나란히 공존하고, 옛 책의 물결과 새 책의 물결이 동시에 만나 하나의 바다를 이루는 곳, 그래서 도서관은 그 자체로 시공을 초월한 공간이며, '살아남은 책'들의 안식처이기도 하다.

"노인 한 사람이 죽으면 도서관 하나가 불타는 것과 같다"라는 아프리카의 속담처럼 당신과 가장 가까운 곳에 귀중한 도서관이 있다. 바로 당신의 부모님과 조부모님이다.

# 몸과 마음이
# 동시에 꾸는 꿈

사범대학 체육교육과
**강준호 교수**

강준호 교수는 한국 스포츠의 선진화를 위해 노력하고 있는 스포츠학자이다. 서울대학교 스포츠 과학과를 졸업하고, 펜실베이니아 대학교 와튼 스쿨에서 경영학 석사 학위를, 미시간 대학교 대학원에서 스포츠경영학 박사 학위를 받았다. 코네티컷 대학교에서 운동과학과 스포츠경영학 교수로 재직했으며, 지금은 서울대학교 체육교육과 스포츠경영학 교수로 재직하고 있다. 국내외 다양한 스포츠 단체·기업·정부를 자문했고, 현재 스포츠 매니지먼트 분야 대표 국제학술지인 〈Journal of Sport Management〉의 편집위원을 맡고 있다. 또 문화체육관광부 국책사업인 개발도상국 스포츠행정가 양성사업(Dream Together Master)에서 운영하는 서울대학교 국제 스포츠행정가 양성사업단을 이끌고 있다.

 ## 연구실에 들어서며

　대학 2학년 무렵 우연한 계기로 학교의 기획 과제를 진행하면서 당시 기획처 부처장이었던 강준호 교수님을 만난 적이 있다. 물론 그때는 업무 외의 대화를 나눌 기회가 없었지만, 교수님을 만날 때마다 내 머릿속에 떠오르는 단어가 하나 있었다. 바로 '냉철함'이었다.

　교수님은 몸담고 있는 부서의 특성에 맞게 아주 정확하고 냉철한 분이셨다. 그래서 나는 자주 혼났고 때론 등에서 땀이 날 정도로 바짝 긴장하며 자료를 철저히 준비해야 했는데, 그래도 매번 날카로운 지적을 받곤 했다. 시간이 흘러 마침내 그동안 연구했던 과제를 발표하던 날, 반전이 일어났다. 교수님은 수많은 사람들 앞에서 나를 칭찬해 주셨고, 얼굴이 화끈거릴 만큼 '제자 자랑'을 늘어 놓으셨다.

　교수님은 지금도 여전히 냉철하시다. 하지만 그 속에 따뜻함이 숨어 있다는 사실을 나는 알고 있다. 세상에 똑똑한 사람들은 많지만, 동시에 가슴이 따뜻한 사람은 드물지 않던가. 그래서인지 강준호 교수님은 시간이 흘러도 여전히 내 기억 속에서 지워지지 않고 남았다.

## 포기하지 않는 정신

서울대학교 학생들은 물론이고, 이 시대를 살아가고 있는 모든 젊은이들을 위한 교수님만의 특별 강의가 필요합니다.

내가 해 줄 이야기가 별로 없을 것 같은데, 무슨 이야기부터 해야 하나……. 지금 세대의 아픔을 직접 겪어 보지도 않고 이렇게 쉽게 이야기하긴 어려운데, 그래도 듣고 싶다면 나누고 싶은 말은 있지. 우선 스포츠 스타들의 이야기로 시작해 볼까? 왜냐하면 나는 그들에게서 많은 것을 배우곤 하거든.

꾸준히 실력을 발휘하면서 지속적으로 성장하는 선수와 중간에 꺾이는 선수들의 차이는 뭘까? 운동 능력이나 여타 조건들은 별 차이가 없는데 말이야. 재능의 차이가 꽤 클 것 같지만 사실 그렇지 않더라고. 환경 요인도 클 것 같지만 그렇지도 않아. 알다시피 프로 선수들은 경쟁이 아주 치열하지. 프로 선수로 진입한 사람들 중에서도 스포츠 스타로 성공할 확률은 1%가 채 되지 않아. 실제로 경쟁이 굉장히 치열한 거야.

그렇게 상위 1%에 들어간 친구들은 뭔가 남다른 것이 있겠지? 나는 첫 번째로 그들에게 'Never give up' 정신이 있다는 것을 알았어. 두 번째로는 동년배들에 비해 자신에 대한 기대가 현저히 높고, 또 자신이 선택한 꿈에 자기 인생을 완전히 쏟아붓는 경향이 있다는 것이었어. 다시 말해서 자신의 삶에 대해 훨씬 더 치열하게 고민하는 느낌을 받았지. 그러다 보니 자기 자신과 자기가 하고 있는 운동의 본질에 더욱 집중하게 되는 것 같더군.

박찬호 선수가 대표적인 예라고 할 수 있어. 그는 사실 자기 또래에서 제일 잘하는 선수는 아니었지. 게다가 당시 야구 선수들에게 메이저리그는 정말 넘볼 수 없는 높은 장벽이었어. 감히 생각조차 할 수 없는 불가능의 장벽 말이야. 박찬호 선수는 그 장벽에 도전한 거야. 물론 그런 식으로 실행에 옮긴 사람들이 더러 있긴 하지만, 누구는 빨리 포기하고 누구는 끝까지 실패를 거듭하곤 했지. 하지만 박찬호 선수는 숱하게 실패를 거듭하면서도 거기서 18년을 버텨 냈어. 그리고 놀랍게도 아시아 최다승 투수가 되었지. 앞서 말했듯이 박찬호 선수는 '포기하지 않는 정신'을 지녔고, 자기 인생을 야구에 올인한 거야.

그런 스포츠 스타가 또 있지? 이영표 선수 말이야. 언젠가 이영표 선수가 이런 말을 한 적이 있어.

"국가대표 선수와 아닌 선수의 실력 차이는 그렇게 크지 않지만, 그 작은 실력의 차이를 만들기 위해서는 엄청난 노력의 차이가 있습니다."

사실 이영표 선수도 2002년 월드컵 당시 국가대표 선발을 앞두고 부상을 당해 어려운 시기를 겪었지. 보통 선수 같았으면 포기하고도 남을 상황이었는데 이영표 선수는 좌절보다 재활을 선택했어. 그때 포기했더라면 아마 오늘날의 이영표 선수는 없었을 거야.

나는 이런 노력들이 전부 '포기하지 않는 정신'에서 나온다고 생각해. 이것은 어느 특정 목표에 대한 것이라기보다는 자기 삶에 대한 자세에 가까워. 한마디로 자기 삶을 가치 있게 만드는 노력을 중단하지 않는다는 뜻이지. 이런 정신을 지닌 사람은 어떤 상황이건 쉽게 포기하지 않아.

## 미래에 다가가는 두 가지 방법

누구에게나 인생은 일종의 꿈과 현실의 이중주일지 몰라. 현실에 발을 딛고, 꿈을 꾸고, 그것을 이루어 가며 삶을 만들어 가지. 그동안 학생들을 상담하고 많은 사람들을 관찰해 본 결과, 사람들이 미래 삶에 접근할 때 두 가지 접근법이 있다는 것을 알게 되었어. 하나는 '확률 중심 접근법'이고 다른 하나는 '비전 중심 접근법'이야.

먼저 확률 중심 접근이란, '나는 앞으로 무엇을 해야 할까?'라는 고민을 할 때 현 시점에서의 가능성, 즉 확률을 계산하기 시작하는 거야. 내가 목표를 달성하게 될 가능성 말이야. 그러면 현실적으로 여러 가지 제약 조건들이 떠오르겠지? 이건 이래서 힘들고 저건 저래서 안 되고, 확률을 계산하다 보면 현 시점에서는 당연히 대부분 확률이 떨어진다는 것을 알게 돼. 그래서 모든 의사결정과 선택의 단계들에서 자기 역량보다 작고 안전한 방향으로 접근할 확률이 높아지게 되지. 확률 중심 접근법은 한마디로 미래에 대한 계산이야. '이렇게 하면 어떻게 될 것인가'에 대한 예측, 실패 확률 등을 계산해서 향후 자신의 진로와 방향, 선택 등 모든 것을 결정하는 셈이지. 많은 사람들이 이런 접근을 해. 특히 머리가 좋은 사람들일수록 확률 중심 접근을 하는 경우가 많아.

그다음은 비전 중심 접근법이야. 이 경우는 말 그대로 자신의 비전을 머릿속에 그려 놓고, 그것을 향해 나아가는 태도라고 할 수 있어. 확률 중심 접근법이 현실적이라면, 비전 중심 접근법은 다분히 이상적이라고 할 수 있지. 게다가 확률 중심 접근법에 비해 훨씬 불안정하고 실현 가능성도 낮아 보이는 게 사실이야. 그런데 재미있는 건 바로 비전 중심 접근법을 하는 중에 확률 중심 접근법으로는 이룰 수 없는 일들을 해내는 사람들이 나온다는 거야.

왜 그럴까? 생각해 보면, 비전에는 두 가지 힘이 있는 것 같아. 먼저, 좋은 철학과 가치를 담고 있는 비전이 인생의 크고 작은 의사결정의 기준이 돼서 삶을 비교적 일관된 방향으로 이끌어 주는 힘이야. 또 다른 하나는, 정말 간절한 비전을 가지고 있는 사람에게 주어지는 강한 관심과 열정이라는 힘이야. 그래서 비전이 있는 사람들은 남들이 그냥 흘려보내는 작은 사건과 정보도 놓치지 않지. 그리고 그런 정보들뿐만 아니라 자신의 꿈을 이루는 데 도움이 될 만한 것들을 계속 쌓아 가기 때문에 매일매일 확률이 조금씩 높아지고, 이것이 오랜 기간 쌓이면 큰 차이를 만들어 내는 것 같아. 결국 비전 중심의 삶을 사는 사람은 역설적으로 나날이 꿈을 이룰 확률이 높아지는 삶을 살게 되고, 비전에 의해 성공 확률이 기하급수적으로 높아지는 셈이지.

다시 박찬호 선수 이야기로 돌아와서, 그가 메이저리그에 대한 비전을 품기 시작하면서부터 이미 확률은 변하기 시작했을 거야. 누구누구가 메이저리그에 대해 많이 안다는 이야기만 들으면 박찬호 선수는 바로 달려가서 조금이라도 더 많은 정보를 얻었겠지. 시간이 지날수록 그 정보들은 점점 쌓였을 테고, 당연히 박찬호 선수가 메이저리그에 갈 수 있는 확률도 그 전보다 점점 올라갔을 거야. 계속해서 꿈과 비전을 갖고 살면 정말 꿈을 이룰 확률이 커지게 돼. 그리고 비전이 그 사람을 잡아당겨 주는 역할도 하게 되지. 반대로 확률 중심 접근법은 지금 주어진 현실에 의존해서 미래를 보는 것이기 때문에 미래가 잡아당기는 힘보다는 현실을 고려하는 힘이 훨씬 더 센 것 같아. 비전 중심 접근법과의 가장 큰 차이지.

## 삶을 지탱하는 근본적인 힘

또 한 가지, 우리 삶에서 경쟁력의 근본 혹은 기반은 바로 몸에서 나온다는 것을 알았으면 좋겠어. 영국 사상가 존 로크는 살아가는 데 있어 다섯 가지 힘이 필요하다고 했어. 체력, 창조력, 위기 극복 능력, 적응력, 그리고 지력이야. 여기서 중요한 건 체력이 가장 으뜸이라는 점이지.

물론 젊은이들은 아직 체력이 왕성하기 때문에 오히려 체력의 중요성을 잘 몰라. 하지만 조금만 나이가 더 들면 다른 무엇도 아닌 바로 체력 때문에 경쟁력의 차이가 생긴다는 사실을 뼈저리게 절감하게 될 거야. 그래서 자기 몸을 위한 운동 하나쯤은 꼭 필요하다는 이야기를 해 주고 싶어.

운동은 단지 몸만을 위해서가 아니라 정신의 근육을 단련할 수 있는 최고의 활동이야. 인간은 운동을 통해서 온전히 자기 자신을 쏟아부을 때만 느낄 수 있는 궁극의 체험을 할 수 있지. 이건 다른 활동에서는 경험하기 힘든 거야. 인간이 가진 다양한 면 중에는 신체적인 것도 있고 정신적이고 영적인 부분도 있는데, 그런 것들이 모두 하나로 집중되었을 때 숭고한 체험을 하게 되고, 또 그런 체험을 하게 되면 다른 어떤 것으로도 대체하기 힘든 삶의 에너지를 얻을 수 있게 돼. 무엇보다 살아 있다는 강렬한 생명력을 확인할 수 있지.

대부분 일하기 위해서 체력이 중요하다고 이야기합니다. '공부를 위해 운동해라', '일하기 위해 몸이라도 풀고 와라'……. 그런데 교수님 말씀은 이런 말들과는 다른 것 같습니다.

'천하를 얻어도 건강을 잃으면 무슨 소용인가'라는 차원의 이야기가 아니라, 좀 더 깊은 차원에서 이해해 주면 좋겠어. 운동은 자신의 삶을 지탱하고 전진시키는 근원적인 에너지를 생성하는 활동이야.

인간은 자기가 몰입할 수 있는 운동 한 가지와 책 읽는 습관, 이 두 가지만 평생 지닐 수 있다면 자기 삶의 선로에서 이탈하지 않을 뿐만 아니라 어떤 상황이 닥쳐도 충분히 이겨 낼 수 있다고 믿어.

흔히 정신과 육체를 따로따로 생각하다 보니 정작 둘 사이의 중요한 연결 고리를 찾지 못하곤 해. 어떤 인재로 성장할 것인가, 어떻게 바람직한 삶을 살아갈 것인가 하는 질문의 해답을 지적인 영역에서만 찾는다면 답을 얻기 힘들 거야. 우리 삶의 가치와 행복을 실존적으로 경험하기 위해서는 몸을 이해하지 않고서는 불가능해. 그래서 나는 '건강한 육체에 건전한 정신이 깃든다'는 오래된 경구를 믿어.

교수님의 말씀을 듣는 동안 운동을 통해 '자신'을, 그리고 책 읽는 습관을 통해 '자아'를 동시에 챙겨야겠다는 생각이 점점 절실하게 다가옵니다. 동시에 '어떻게 스스로를 단련할 것인가?' 하는 질문도 떠오릅니다.

단련한다는 것보다는 자신만의 고유한 삶을 만들어 간다는 자세가 필요한 것 같아. 그동안 우리는 나보다 타인의 시선에 더 신경을 쓰면서 정신없이 살아온 것 같아. 이제 우리는 남보다 자기 자신, 자신의 '바깥'보다 '안'에 관심을 기울일 필요가 있어. 자신의 삶을 남의 시선이 아니라 자신의 시선으로 바라봐야 해. 그러기 위해서는 자신의 삶과 세계를 바라보는 관觀이 있어야 하고 중요하게 생각하는 가치가 있어야 하지. 자신의 내면에 귀 기울이는 사람이 많아질수록 우리 사회는 다양한 사람이 많아지면서 더 성숙하고 멋진 사회가 될 수 있을 거야.

## 같이, 그리고 가치

교육의 시작점이자 종착점은 지덕체를 고루 갖춘 인재를 양성하는 것이라고 배웠습니다. '선한 인재를 키운다'는 서울대학교의 슬로건도 같은 맥락이라고 생각하는데요. 제 생각에 '선善'이란 '남의 아픔을 내 아픔처럼 느끼는 마음'인 것 같습니다. 무언가 구체적인 행위 이전에 존재하는 근본적인 마음 말입니다. 그리고 이것만이 인간이 가진 가장 특별한 능력이라 보는데요. 여기에 대해 어떻게 생각하시는지요?

전적으로 맞는 얘기야. '남의 아픔을 내 아픔처럼 느끼는 마음'을 영어로 compassion이라고 하지. 인간이 동물과 구별되는 점이기도 하고. 우리 개개인은 무수한 시간을 통해 누군가로부터 전해지고 물려받아 온 것들의 축적물이잖아. 그렇기에 순간순간 자기에게 구현되는 좋은 기회나 역량들을 다시 사회에 돌려줘야 할 책임이 있어. 그렇게 하면 자신도 발전하고, 궁극적으로는 자기가 몸담고 있는 분야와 사회를 변화시킬 수 있지. 어떤 의미에서 우리는 자기 자신과 세상을 더 나아지게 만드는 순환 사이클의 한 부품일 수도 있어. 시간이 지나 한 사람의 기여가 다른 누군가에게 혜택이 되고 그렇게 연결된 새로운 혜택이 쌓이고 쌓여 결국 그 분야와 사회를 점점 나아지게 하겠지. 이렇게 선순환의 사이클이 돌아가게 만들어야 해.

우리 사회는 여러 가지 개선이 필요하지만, 가치와 합리성에 기반을 둔 시스템을 잘 만들어서 그 시스템으로 조직과 사회가 돌아가게 하는 것이 무엇보다 시급한 것 같아. 합의된 '공적인 선'을 행하는 시스템이 잘 갖춰진다면 자기 자신에게 이전보다 훨씬 더 집중할 수 있고, 나아가 배려와 나눔도 훨씬 수월해지겠지. 하지만 합의된 시스템이 없다면 모든 면에서 효율성이 떨어질 거야. 내 가치와 남의 가치가 달라서 자꾸 부딪치게 되거든. 그러니까 여럿이 멀리 갈 수 있는 합리적인 시스템을 만들기 위해 서로 머리를 맞대야 해.

## 있는 그대로의 나를 사랑하라

교수님, 연구실 곳곳에 편지도 잔뜩 쌓여 있고, 작은 음료수 병들도 눈에 띕니다.

돌이켜 보면 많은 사람들로부터 과분한 사랑을 받았지. 앞으로 살아가면서 가까운 사람들을 더 소중히 여기고 사랑해야겠다는 생각이 점점 더 많이 들어. 혹시 빌리 조엘의 'Just the way you are'란 노래 알아? 그냥 있는 그대로의 당신을 사랑한다는 내용이지. 내가 이 노래를 참 좋아하거든. 이 노래를 들을 때마다 사랑이란 것에 대해 생각하게 돼. '자신을 사랑하라'는 말은 나를 있는 그대로 받아들여야 한다는 뜻이겠지. 나아가 부모, 형제, 아내, 자식, 동료, 내가 속한 분야나 직장 그리고 나라까지……, 모두 있는 그대로 사랑하는 거야. 예수님이 인간을 사랑할 때처럼 말이야. 너는 이러니까 사랑하고, 너는 이런 일을 했으니까, 너는 이렇게 생겼으니까 사랑하는 것이 아니라 먼저 있는 그대로 받아들이고 사랑한다는 것이거든. 아무 이유도, 조건도 없이 말이야. 내 삶에 주어진 것들을 최선을 다해서 사랑해야지. 있는 그대로 사랑하는 것이 참 어렵지만 정말 중요한 것 같아.

솔직히 연애도 쉽지 않습니다. 요즘 저희 또래들은 대부분 진심을 잘 유지하지 못합니다. 너무 자주 다투고, 쉽게 포기하고, 헤어지고, 다시 또 쉽게 만나는 과정을 반복하는 것 같다는 생각이 듭니다.

만나고 헤어지는 것은 자연스러운 일이야. 결국 자기에게 맞는 사람을 찾아 가는 과정이니까. 하지만 어느 순간 신중한 결정을 해야 할 만큼 정말 사랑하는 사람이 생긴다면 그다음에는 그 사람을 있는 그대로 받아들여야 해. 그러지 않으면 어느 누구든 관계를 지속하기가 힘들어. 어느 순간 단점만 보이는 건 모두가 똑같을걸? 그래서 있는 그대로 받아들이는 사랑이야말로 이 세상의 문제들을 해결해 주는 가장 강력한 힘이 되는 거야. 그게 아니면 '이건 이래서 안 되고 저건 저래서 싫고'만 반복하며 그 문제를 해결할 수 있는 방법이 없을 거야.

개인 문제를 넘어 모든 문제가 그래. 세상의 모든 모순과 어려운 문제는 이성만 가지곤 해결하기 힘들지. 어쩌면 사랑을 통해서만 그것을 극복할 수 있을 거야. 사랑은 결국 의지의 문제거든.

## 연구실을 나서며

'몸을 움직이다', '체력을 단련하다', '운동하다'는 모두 비슷한 말이다. 그러나 분명 그 의미 하나하나에는, 그 말들 사이에는 분명한 차이가 있다. 중요한 것은 어떤 활동이든 하나의 활동에 내 몸과 마음의 에너지를 오롯이 집중하고 매진하는 궁극의 체험을 할 수 있느냐는 점이다.

단순한 신체 활동을 넘어 전인격적 체험으로, 우리는 좀 더 나은 사람이 되어 간다. 때론 가능성이 희박해 보이는 무모한 일이어도, 모두가 실패할 것 같다고 말하는 일이어도 도전하는 정신은 바로 내 몸과 마음을 동시에 움직이는 작은 활동에서 시작된다. 그리고 바로 그 순간, 우리가 살아갈 내일은 또 달라진다.

비전은 지금 당장 볼 수 없다. 그렇지만 우리가 온몸과 마음, 사랑을 다해 접근할 때 비로소 보이기 시작하지 않을까? 그때 진정한 의미로 하나의 Vision approach가 되지 않을까?

## 고양이 마을

희망이란 단어가 전혀 없는 인생이란 없다. 이는 인간 세상뿐만 아니라 고양이 세상에도 적용된다.

몇 해 전부터 미대 근처에서 심심치 않게 고양이들을 만나게 되었다. 미대 근처에 고양이들이 모여 사는 고양이 마을이 생긴 것이다. 신기하게 그 고양이 마을에서는 처음엔 야생성이 강했던 고양이도, 버림받아 마음의 상처가 다 낫지 않은 고양이도 사람들과 금세

친해졌다. 철마다 즐겁게 잔디밭을 뛰놀고 산책도 하며, 오가는 학생들에게 관심과 사랑을 받기 때문이었을 것이다.

그런데 이 고양이 마을에는 한 가지 결정적인 문제점이 있었다. 바로 방학이 되면 학생들이 떠난 텅 빈 자리에서 고양이들이 힘겹게 삶을 이어 가야 한다는 것이었다. 겨울에 학교에 갔다가 고양이 두 마리가 체온을 나누기 위해 서로 뺨을 붙였다 떼었다 하며 함께 걸어가는 애잔한 광경도 목격한 적이 있다.

그렇게 한두 해가 흘러갔고, 나는 고양이들이 그곳을 떠나 더 따뜻한 곳에서 자신들의 보금자리를 새로 개척할 줄 알았다. 그런데 불과 얼마 전 믿기 힘든 일이 눈앞에 펼쳐졌다. 고양이 마을에 고양이 아파트가 생긴 것이다! 물론 이전에도 학생들이 박스를 두고 가거나, 조금 낡았지만 꽤 따뜻해 보이는 방석을 두고 가는 여러 시도들이 있긴 했다.

그런데 이번엔 레벨이 달랐다. 길고양이 르네를 위해 만들어져 르네상스라는 이름을 가지게 된 고양이 아파트는 수의학과 김민기 씨가 길고양이를 위한 집짓기 프로젝트인 '대냥이 프로젝트'를 이끌며 지은 건축물이라고 한다. 그래서인지 전문적인 시공 업체에서

착공한 듯한 철재 구조물로 지어졌고, 내부 마감은 호텔급이었다. 게다가 비가 오면 먹이에 빗물이 고이는 것을 막아 주는 미니 처마부터 따뜻한 쿠션과 정글짐 같은 다세대 구조까지! 진짜 아파트라는 표현이 맞을 정도로 완벽했다. 아직은 고양이들도 실감이 나지 않는지 주위만 맴돌고 있다.

  이렇게 살기 힘든 각박한 때에 참 행복한 나눔이 아닐 수 없다. 그래서 고양이 마을이 이어지나 보다. 인간의 곁에서 함께 말이다.

# '깡 to 용기', 현장에서 만나게 되는 것들

사회과학대학 언론정보학과
강명구 교수

강명구 교수는 1987년부터 서울대학교 사회과학대학 언론정보학과 교수로 있으면서 지난 4년간 아시아연구소 소장직을 수행했다. 도쿄 대학교 특임교수와 중국 베이징 대학교, 촨메이 대학교 방문교수를 지냈고, 세계문화학회 아시아 지역 대표이사, 글로벌 인터넷거버넌스 공동대표로 활동하면서 아시아 문화연구 네트워크 구축에 기여했다. 서울대학교 기초교육원 원장과 자유전공학부 추진단장 등을 지내면서 대학 교육 혁신을 통한 인재 양성에 대해서도 관심을 가지고 있다. 한·중·일 청년의 꿈과 고뇌를 주제로 연구를 진행하고 있고, 지은 책으로는 《훈민과 계몽: 한국 훈민공론장의 역사적 형성》(2016)이 있다. 동아시아 미디어론, 미디어와 문화연구, 질적연구방법론 등을 가르치고 있다.

 연구실에 들어서며

　강명구 교수님은 서울대학교에 '자유전공학부'를 신설하는 데 큰 역할을 하신 분이다. 자유전공학부는 하버드 칼리지나 예일 칼리지처럼 인문·사회·자연, 혹은 인문·사회대를 서울칼리지로 통합하고 그것을 '자유로운 예술교육liberal art education'의 중심으로 만든다는 구상에서 싹텄다. 이 제도는 기존의 서울대 학부교육을 새롭게 혁신하기 위한 방안으로 열린교육의 바탕을 제시하고 있으며, 특히 강의 중심 교육을 학생 스스로 기획하고 학습하는 학부교육 프로그램으로 바꾼다는 취지를 품고 있다. 이런 취지를 잘 실현한 결과, 현재 자유전공학부에서는 문·이과 통합, 자율전공 등 열린교육 프로그램들이 운영되고 있다.
　교수님께서는 어느 칼럼에서 오랫동안 '가르치는' 교육이었던 대학 교육이 1980년대 이후 학생들 '스스로 배우는' 교육으로 바뀌었고, 1990년대 중반을 거치면서 '스스로 탐구하는' 교육으로 바뀌어 자유전공학부라는 실험적 시도가 세간의 주목을 받게 되었다고 말씀하셨다.
　바로바로 써먹을 수 있고, 출세에 도움이 되는 교육을

추구하는 시대에 교육에 대한 교수님의 철학은 언제나 '자유로운 영혼을 키우는 것'이고, 그러기 위해서는 교육이 '철저하게 비실용적'이 되어야 한다는 것이었다. 철저하게 비실용적인 교육이 성공적으로 가동된다면 비로소 가장 창의적인 생각이 탄생할 것이라는 믿음 때문이었다. 그래서일까? 실제로 교수님은 그동안 그 누구도 생각하지 못했던 창의적인 방법으로 수많은 프로젝트들을 세상에 풀어내셨다.

   교수님을 찾아뵙기 전까지 내 머릿속은 교수님이 갖고 계신 창의적인 생각의 비밀은 무엇인지에 대한 '호기심'으로 가득했다. 그리고 교수님과 나누었던 대화는 시종일관 그 호기심을 충족하는 과정이었다. 교수님께는 분명 다른 사람들에게 찾아볼 수 없는 특별한 무언가가 느껴졌다.

## 지금 성찰이 필요한 이유

최근 교수님께서 요즘 젊은이들에 대한 안타까움을 토로하신 칼럼을 읽었습니다. 모두 안정적으로 살고자 하고, 안정적인 울타리에 속하기 위해 시험 점수에만 너무 매달리다 보니 도전과 실패를 두려워하고 있다는 내용이었습니다.

그래요. 그런데 그런 안타까운 일들을 만든 사람들은 과연 누구일까요? 솔직히 대부분 서울대 출신들 아니었나요? 다들 '서울대' 하면 세계적인 엘리트들이 모인 집단이라고 생각하는데 그건 아주 잘못된 거예요. 우리가 단지 출세욕에 사로잡힌 엘리트를 키우고 있는 것인지, 아니면 사회와 주변 공동체에 대해 책임감과 윤리의식을 가진 사람들을 키워 내고 있는지⋯⋯, 안타깝게도 후자 쪽은 거의 되고 있지 않는 게 현실입니다.

다들 '바람직한 교육'을 이야기하면서 젊은이들의 자질이나 능력을 높여야 한다고 주장하는데, 도대체 무엇을 위한 능력인지 모르겠어요. 일전에 자유전공학부를 만드는 데 공을 세운 사람으로서 10주년 심포지엄에서 한 이야기가 있어요. 한·중·일의 서울대학교, 도쿄 대학교, 베이징 대학교가 공동으로 캠퍼스아시아 프로젝트를 진행할 때였는데, 그 자리에서 "도대체 아시아 대학들이 모여서 무얼 하고자 하는가? 단지 슈퍼엘리트를 키우려고 하는 건가?" 하고 물었어요. 당연히 '그렇게 하면 안 된다'는 게 내 생각이었지요.

아시아의 뛰어난 인재들에게는 각자 사회를 위해 어떤 기여를 하고 살아가야 할지, 그 성찰과 교육의 기회가 동시에 주어져야 됩니다. 그건 단지 폭넓은 국제적 감각을 지닌 파워엘리트를 키워 내는 것과는 근본적으로 달라요. 따라서 인재들이 더 깊이 성찰할 수 있는 다양한 프로그램을 만들어야 해요. 물론 이런 것들은 지금 이 시대의 젊은이들이 겪고 있는 현실적 어려움과는 상관없이 이루어져야 하는 일입니다.

지금 일, 직업, 노동 등이 불안정한 시대에 각자가 적응하고 견뎌 보려는 노력을 하고 있어요. 그런데 정말 중요한 질문은 아무도 하고 있지 않아요. '견디고 이겨 내서 뭐 하려고 하느냐?'란 질문이지요. 오히려 지금 그런 생각을 왜 해야 하느냐고 반문합니다. 하지만 저는 그렇게 생각하지 않아요. '어떤 사람으로 살아갈지를 스스로 생각하고 성찰하고 그것을 책임지는 것'은 모두에게 깃들어 있는 고유한 능력입니다. 다만 이 능력을 발휘할 수 있는 기회가 주어지지 않았을 뿐이지요. 실력이 출중한 인재일수록 이 고유한 능력을 발휘해야 하는 책임은 더 크다고 생각해요. 그리고 이것이 우리 인재들에게 깊이 성찰할 수 있는 다양한 프로그램을 만들어 주어야 하는 이유입니다.

## 현실 속에 뛰어들어 진검승부를 하라

저는 전공과 상관없이 젊은이라면 다들 바깥으로 나가서 많이 경험해 볼 필요가 있다고 생각해요. 여기서 '바깥'이란 흔히 생각하는 유학이나 배낭여행 같은 게 아닙니다. 물론 여행이나 유학도 자기 성찰의 소중한 기회가 될 수 있겠지요. 하지만 형편상 그러지 못하는 젊은이들도 꽤 많잖아요? 내가 말하는 '바깥 경험'이란 좀 더 넓은 세상의 '현실 속에 뛰어들어 다양한 사람들과 문제들에 정면으로 부딪쳐 보는 것'을 뜻합니다.

예를 들어 지구를 떠나 우주로 올라가면 지구가 잘 보이겠지요? 미시적으로 들여다봐야만 하는 세상도 있겠지만, 떠나야만 보이는 것들도 있습니다. 그런 진검승부 같은 경험들을 꼭 해 보란 말을 해 주고 싶습니다.

이를테면 요즘 젊은이들이 자주 하는 국제봉사활동 같은 것도 포함되나요?

사회봉사는 정말 좋은 것이지요. 하지만 어려운 국가에 가서 집 지어 주는 사회봉사활동만이 그들을 만나고 이해할 수 있는 방법의 전부는 아니에요. 내가 하고 싶은 말은 어느 곳이든 그곳에서 직면한 문제들을 스스로 겪으며 보고 배우는 것이 우리 젊은이들에게 중요하다는 것이지요.

사실 이번 여름에 나도 우리 학생들을 데리고 필리핀의 불라칸이라는 최고 빈민 지역에 다녀왔습니다. 겨울에도 갈 예정인데, 마닐라에서 약 2시간 정도 떨어진 곳입니다. 저는 그곳에 가서 학생들이 정면으로 그들의 빈곤과 마주치게 합니다. 그들의 평균수명은 50세가 채 안되고, 유아사망률도 아주 높은 편이지요. 그곳에서 이 문제를 들여다보면 대다수 사람들이 심장

병으로 죽게 된다는 사실을 알게 됩니다. 여기서 한 걸음 더 들어가 보면 심장병 중에서도 심장판막증으로 죽는 사람들이 많다는 것까지 알게 됩니다. 그럼 왜 그런지 관찰해 보겠지요. 심장판막증이란 심장판막에 박테리아가 끼는 병인데, 위생 상태가 열악한 환경에 살다 보니 박테리아가 쉽게 심장판막에 기생하게 되는 겁니다. 아이 때 걸리면 대부분 죽고, 어른이 걸리면 보균자 상태가 되면서 심장판막이 많이 약해집니다. 그래요, 결국 근본적인 원인은 바로 '위생'이라는 사실에 도달하게 됩니다. 이때부터 근본적인 문제와 정면으로 부딪치면서 '당장 병을 치료할 돈도 없는 사람들을 위해 구체적으로 무엇을 할 수 있을까?'라는 진짜 고민이 시작됩니다. 우선 무엇보다 위생 문제를 해결해야겠지요. 여기엔 물을 정화하는 방법이나 교육을 통해 오염을 미연에 방지하는 방법 등 다양한 방안들이 있을 겁니다.

직접 가서 함께 지내며 문제에 직면해 보면, 그들이 겪는 문제를 내가 해결해 보겠다는 생각도 생기고, 나아가 어떤 사명감이나 신념까지 자연스럽게 생겨나게 됩니다. 그런데 가서 일방적으로 집만 지어 주고 오고, 아픈 사람들에게 약만 주고 오는 봉사활동이 과연 그들에게 도움이 될까요? 사실 뿌리는 더 깊이 있는데 말입니다. 이 문제는 그리 간단치 않습니다. 직접 부딪쳐 보기 전의 생각과 부딪쳐 본 뒤의 생각은 같을 수 없어요. 그러니까 결국 현장에 간다는 것은 '문제를 똑바로 보고 배우기 위한 것'과 같은 말이라고 생각합니다.

그럼, 이런 경험의 계기들은 스스로 동기가 생겨서 하는 것이 가장 좋겠군요.

그렇지요. 자신의 꿈이 크고 능력 있다고 생각하는 사람이라면 더욱 스스로 동기가 생겨서 그러한 경험들을 시작해야 하지요. 하지만 학생들은 경험의 기회를 잘 알지 못하니 일단 기관이나 학교 등을 통해서 참여할 수 있습니다. 여기서 중요한 것은 돈 내고 배낭여행 가듯이 마이너로 따라가는 게 아니라 메이저의 마음으로 시작하는 것입니다.

## 먼저 문제를 정면으로 바라보라

불라칸 이야기를 좀 더 이어가 볼까요? 가서 보니 평균 6명의 가족이 4평쯤 되는 방 한 칸에서 살고 있더군요. 나도 네 가구 정도 방문했는데, 직접 눈으로 보고는 정말 깜짝 놀랐습니다. 전기는커녕 수도도 안 들어오고 부엌도 없는 방 한 칸에서 나무를 때 가며 살아가고 있었어요. 먹을 것도 변변치 않은데 갓난아기한테 젖까지 물린 채 하루하루 버티는 식이었지요. 남자들은 대부분 마닐라로 가서 일하다가 주말에야 돌아옵니다. 그런데 그곳은 무척 가부장적인 사회라서 콘돔을 사용하지 않는다고 하더군요. 남자의 콘돔 사용을 수치로 여기는 잘못된 관습 탓이었어요. 그 암울한 현장에서 우리는 나름 몇 가지 문제들을 정리할 수 있었습니다. 가톨릭을 비롯한 외부 종교의 반대와 가부장적인 인식 때문에 남자들이 콘돔을 사용하지 않는다는 점, 여자들은 교육을 받지 못해 임신에 관해 무지한 데다 아이가 많아지다 보니 당연히 일도 못한다는 점, 점점 나빠져 가는 위생, 한 가구당 한 달에 사용하는 돈이 1달러 미만이라는 점이었습니다.

저는 이런 상황에서 '도대체 우리가 무엇을 어떻게 하면 좋을까?', '너라면 어떻게 할 거니?'라며 매번 학생들에게 물어봅니다. 현장을 직접 보고 문제도 알았으니 이제 결론이 있어야 할 것 아닙니까? 단지 집을 지어 주고, 그림을 그려 주고, 율동 가르치고, 컴퓨터 조금 알려 주고, 뭔가 기증하고 나서 기념 촬영하고 돌아온들 뭐가 변하거나 문제들이 해결될까요? 물론 아니지요. 결론을 내기 위해서는 먼저 문제를 정면으로 바라보는 태도가 가장 중요합니다.

글로벌한 감각을 키운다는 것은 바로 이런 겁니다. 단지 배낭여행 가서 파리의 멋진 길을 걷는다고 문제에 대해 글로벌한 접근 방식이 생기는 건 아니라는 이야기입니다. 현장을 찾아가면 그 현장에 있는 문제들을 바라보며 정면승부를 하게 됩니다. 이것이야말로 젊은이들이 선택해야 할 진정한 글로벌 태도인 것입니다.

사실 지금은 편안하고 안전하게 살 수 있는 방법에 대한 정보가 흘러넘치는 시대입니다. 그런데 교수님께서 말씀하시는 현장들은 직접 찾아 나서지 않으면 접하기 힘들 것 같습니다.

어떤 시대든 내 조언은 바뀌지 않을 것 같습니다.

'어디서든 정면승부를 하라!'

무슨 일을 할 때 처음부터 안정성만 따지는 게 젊은이의 옳은 태도는 아니라고 생각해요. 물론 힘들 수도, 위험할 수도 있습니다. 하지만 그 과정에서 큰 그림이 눈앞에 나타날 거예요. 좀 전에 저는 '빈곤'의 현장만을 예로 들었지만, 세상에는 이러한 빈곤 문제 말고도 정말 다양한 문제들이 산적해 있습니다. 정치, 경제, 사회 그리고 예술적인 문제까지. 사실 어떤 사업을 하건 이렇게 다양한 세상을 만나게 된다는 점에 있어서는 예외가 없을 겁니다.

## 현장에 뛰어드는 용기

문득 예전에 어느 연구를 돕던 일이 떠오릅니다. 그때 서울대학교 정관定款을 찾고 있었는데 그 내용 속에 '글로벌, 리더십, 엘리트, 우수함, 세계 선도'처럼 당시에 유행하던 단어들이 많았습니다. 결국 이런 인재를 키우는 것이 서울대학교의 목표였는데 정작 학생들에게는 그다지 크게 와 닿지 않았던 것 같습니다. 그러다가 우연히 하버드 대학교에 관한 자료들에서 교육 목표와 관련한 문장을 보았습니다.

"그동안 익숙하고 당연시되어 왔던 사실들을 부수고 뒤엎어 방향 감각을 흩트려 놓은 후 다시 학생 스스로 길을 찾아 나설 수 있도록 돕는다."

별로 길지 않은 문장이었지만 당시 큰 충격을 받았습니다. 그렇다면 스스로 익숙하고 당연시되어 왔던 것들을 부술 수 있는 능력은 현장에서 다질 수 있을까요?

현장에서의 체험을 통해 많은 도움을 받을 수 있을 겁니다. 3년 전인가, 인도네시아를 방문한 적이 있어요. 알다시피 원래 한국의 신발 산업은 주로 부산을 중심으로 성장했지만, 지금은 인도네시아와 베트남으로 공장이 이전한 상황입니다. 그런데 인도네시아에서 우연히 신발 공장 사장님을 만나게 되었지요. 그분은 1970년대에 삼성물산 직원으로 파견 나갔다가 2년인가 3년 뒤에 회사가 철수할 때 그냥 그곳에 남기로 했답니다. 그 후 30년 이상 인도네시아 현장에서 신발 공장을 일구어 왔지요. 지금은 회사 1년 매출액이 약 2,500억 원이 넘는다고 해요. 정말이지 그분은 복장이며 자세까지 인도네시아 현지의 농부와 똑같이 유지하며 생활하더군요.

그런데 그분 이야기가, 여긴 암만 눈 씻고 봐도 서울대, 고대, 연대 친구들을 1명도 볼 수 없다는 거예요. 물론 대기업 직원이 더러 오는 경우가 있긴 하지만, 그나마 2년 정도 근무하고는 다시 훌쩍 가 버린답니다. 그러면서 이런 말을 하더군요. "한국의 젊고 똑똑한 친구들은 왜 현장을 찾지 않을까요? 만약 한국의 젊은이가 우리 회사에 들어온다면, 다른 건 필요 없고 영어만 좀 할 줄 알아도 연봉 1억을 줄 수 있을 텐데 말입니다. 신입사원이라도요." 그런데 아무도 안 온다는 겁니다.

아마 선뜻 용기가 나지 않을 거예요. 한국의 젊은이들은 오로지 공기업에 들어가기 위해 3년이고 4년이고 시험 준비를 하고 있지만, 저는 반대로 그런 곳에서 새로운 도전을 해 볼 용기와 열린 자세가 필요하다고 생각해요. 돈을 벌고 싶다면 더더욱 필요하겠지요. 너 나 할 것 없이 대기업에 취직해서 좋은 배우자 만나 여유롭게 사는 인생만 꿈꾸기보다 '나는 천이나 억이 아니라 조 단위로 벌어 보겠다' 정도로 엄청난 꿈을 좀 꿔 보자는 이야기입니다. 이런 마음가짐으로 현장을 찾게 되면 그 속에서 새로운 기회들이 툭툭 튀어나올 겁니다. 가난한 나라만 찾아가라는 말이 아닙니다. 세상엔 정말 다양한 분야와 상황을 만날 수 있는 현장들이 무궁무진합니다.

구체적으로 어떻게 도전해야 할지 너무 막연하다는 생각도 듭니다.

길을 몰라서 못 가는 건 아니겠지요. 용기가 없어서 못 가는 겁니다. 언제나 그랬고, 지금도 역시 그렇습니다. 길이야 찾으면 왜 없겠어요? 그런데 용기는 암만 찾아도 안 보이잖아요? 바로 그게 문제인 거지요.

삼성 들어가기가 점점 더 힘들어진다고 세상 탓할 시간이 어디 있나요? 물론 힘들어진 건 사실이지요. 또 들어간다고 해서 인생이 보장되는 것도 아닙니다. 다분히 사회구조적인 문제일 수 있는 거지요. 하지만 정말 중요한 것은 이런 조건들 속에서 '그렇다면 나는 어떻게 살 것인가?'라고 생각하는 것입니다.

힘든 젊은이들에게 위로를 해 줄 수는 있겠지만, 솔직히 그런 위로가 현실적으로 도움이 되거나 젊은이들의 삶에 큰 의미를 남길까요? 어쩌면 이런저런 위로나 힐링을 기대하기보다 현장을 찾는 것이 더 바람직할 겁니다. 현장이 당신 가까이에 있고, 당신은 이제 한 발만 내디디면 되는 상황입니다. 저는 그 속에서 모든 것이 시작된다고 믿습니다. 만일 현장과 대면할 용기가 없다면 그것이야말로 개개인의 탓입니다. 내가 수업 중에 인도네시아에서 만난 신발 공장 사장님 이야기를 해 주면서 "초봉 1억 준다는데 인도네시아 갈 사람?" 하고 물어봤더니 50명 중에 1명도 손을 들지 않더군요. 그래서 다시 진지하게 물었지요. 진짜로 휴학하고 정식 사원으로 1년 다녀오면 그 돈을 줄 수 있다고 말입니다. 그래도 역시 반응이 없었습니다. 하긴 좀 그렇긴 하지요? 인도네시아라는 낯선 땅에서, 그것도 신발 공장 직원으로 일하기가 선뜻 내키진 않을 거예요. 하지만 저는 단지 인도네시아나 신발 공장 같은 조건을 이야기하는 게 아니라 '현장'과 '도전'이라는 가치를 말한 거예요.

## '깡'을 키워라

인도네시아에서 또 이런 분도 만났어요. 한국에서 봉사 차 인도네시아에 갔다가 아까 그 신발 공장 사장님처럼 눌러앉아 사업을 벌인 분이지요. 사업은 온라인 영어 학원이었는데 그게 꽤 성공했다고 하더군요. 결국은 그런 '깡다구' 있는 사람들이 해내는 겁니다. 흔히 유행처럼 벤처 사업에 대해 이야기하지만, 벤처도 사실은 공공자금에 기대어 시작하는 경우가 많습니다. 다시 말해 누구도 맨땅에 헤딩할 만큼의 깡을 가지기는 힘들어요. 그래서 더더욱 현장에 가라고 하는 겁니다. 바로 '깡'을 키우라는 연장선에서 하는 이야기지요.

여러 가지 이유가 있겠지만 젊은 세대인 학생들은 말하기보다 듣기를 중시하고, 통념을 거스르기 힘들어하고, 의존적인 면이 많아서 여러모로 맨땅에 헤딩할 만큼 용기를 잘 내지 못하는 것 같습니다. 그렇다면 교수님께서 젊은이들이 맨땅에 헤딩할 용기를 낼 수 있게 조언 한 말씀해 주셨으면 합니다.

젊다는 것 자체로 맨땅에 헤딩해 볼 수 있는 조건은 충분히 갖춘 것 아닙니까? 기회가 있을 때마다 현장에 가 보세요. 어떤 현장이든 한 걸음 떨어져 구경하지 말고 한 걸음 더 가까이 다가가 보는 겁니다. 그러면 뭘 몰라서 못 한 게 아니라는 사실을 알게 될 겁니다.

하나 더 이야기해 볼까요? 요즘 인문·사회 분야 등의 젊은 학생들에게 장래희망을 물어보면 어떤 대답이 가장 많은지 아세요? 바로 국제기구에서 일하는 것이라고 합니다. 그렇다면 국제기구에서 현재 근무하고 있는 사람 중에 어느 전공 출신이 가장 많을까요?

글쎄요, 아무래도 국제학 같은…….

농업생명과학대학생입니다. 왜 그럴까요? 1970년대나 1980년대에 농업을 지도한다는 목적으로 농업생명과학대학생들이 해외에 많이 나가게 되었어요. 마침 기업들의 해외 진출도 많았던 시기였지요. 그때 여차저차 따라 나갈 기회를 얻은 학생들이 있었는데, 바로 그 친구들이 현장에 가게 된 것입니다. 그 젊은이들이 현장에 머물며 경험을 쌓기 시작했고, 마침내 현지에서 가장 인정받는 전문가로 성장하기 시작했어요. 그들 중에 지금 우리 학교 농업생명과학대학 교수님도 계신데, 역시 현장에서 경험을 쌓기 시작해 네팔과 라오스에서 물 전문가가 되셨습니다. 아시아 개발은행에서 물 관련 프로젝트도 20년 넘게 하셨지요. 그러니 당연히 국내는 물론 국제기구에서 너도나도 모셔 가는, 그런 분이 되신 겁니다.

농업생명과학대학 졸업생들에게는 '현장'이야말로 유일한 터전이에요. 그들은 현장에 갔고, 또 거기서 남들이 보지 못하는 것들을 보았습니다. 그것이 바로 국제기구에 농업생명과학대학 졸업생이 많은 이유이고, 그들의 성공 비결인 것입니다. 그래서 저는 전공을 떠나 책상머리만 고집할 게 아니라 누구든 현장에 가야 한다고 생각합니다. 하물며 공과대학? 말할 것도 없지요. 아직도 국제기구에 가려면 국제학을 전공해야 한다고 생각하나요? 국제기구를 가르치는 대학에서 공부해야 국제기구에 갈 수 있을까요? 조심스러운 말이지만 전공 지식만으론 아무도 국제기구에 갈 수 없을 겁니다. 결국 현장에서 몸으로 직접 경험하며 성장해 나가야 합니다. 이것이야말로 모든 면에서 차이를 만들어 내는 시작입니다. 시대가 변하고 환경이 아무리 바뀌어도 변하지 않는 게 있다면 바로 '다르게 생각하는 것'일 겁니다. 그리고 다르게 생각하는 힘은 현장 경험에서 나옵니다. 다시 한 번 얘기하지만, 현장에 직접 가서 문제를 발견하고 진검승부를 하세요. 사실 이 말은 이 시대의 젊은이들뿐만 아니라 우리 모두에게 똑같이 적용되는 말입니다.

내가 지도교수로서 매년 학생들과 상담할 때마다 뭐라고 하는 줄 아세요? "깡을 키워라"라고 말합니다. 결국에는 깡이 '진짜 용기'가 되거든요.

 ## 연구실을 나서며

이 책을 읽는 독자들께 두 가지 질문을 던지고자 한다.

하나, 10m 앞에 멋진 이성이 서 있다. 당신은 어떻게 할 것인가?

둘, 당신이 너무 하고 싶은 일이 생겼다. 때마침 그 일을 함께하면 좋을 적임자를 알고 있다. 당신은 어떻게 할 것인가?

누구나 살아가면서 이런 상황들과 마주칠 수 있다. 하지만 그 멋진 이성에게 선뜻 다가가 말을 걸거나, 늘 하고 싶었던 일을 당장 시작하는 경우는 드물 것이다. 우리는 이처럼 거의 매일 셀 수 없이 많은 기회들을 만나지만, 대부분은 그냥 날려 보내고 있을 수 있다. '용감한 자가 쟁취한다'는 말을 알고 있지만 정작 자기 눈앞에 펼쳐진 기회는 잡지 못하는 것이다.

우리 대부분은 실행하는 것보다 '머리로 생각하기'에 익숙하다. 다들 '이렇게 하면 될 거야', '이러면 해결책이 생길 거야'라고 생각한다. 나 역시 여러 문제들과 마주칠 때마다 그렇게 해 왔다. 또 실제로 머리로 생각하는 것이 가장 편했기 때문에 습관적으로 '생각'만 해 왔다. 하지만 이 방법이 우리 인생에서 매번 결정적인 답이 되어 주진 않을 것이며, 그렇다고 가슴으로 찾는 것도 답은 아닐 것 같다.

강명구 교수님 말씀처럼 온몸으로 부딪치며 밀고 나가야 하지 않을까? 그래야만 전에 없던 새로운 답을 새로운 방식으로 만날 수 있지 않을까?

연구실을 나와서 복도를 지나 교정을 가로지르는 동안 내 머릿속에서 또 하나의 질문이 떠올랐다. 그 질문은 나 스스로에게, 그리고 우리 모두의 내면을 향한 것이기도 하다.

'생각하는 자의 게으름과 행동하는 자의 용기, 이제 어느 쪽을 택할 것인가?'

### 특별한 불빛

2학년 때 서울대학교 본부에서 처음으로 일을 맡게 되었다. 전에도 이런저런 일들로 기웃거리며 커피나 서류 심부름 등 허드렛일을 했었는데, 그런 나를 귀엽게 봐 주셨는지 어느 날 기획과 담당자께서 나를 불렀다.

"동영상 만드는 일 하나 해 보겠어요?"

"네!"

"잘해요?"

등에서 식은땀이 흘러내렸다. 하지만 당황하지 않은 척하려고 빨리 대답해 버렸다.

"네!"

일은 그렇게 터져 버렸다.

내가 맡은 일은 '서울대학교 발전공로 수여식 행사 영상' 제작이었다. 이 행사는 서울대학교 후학들을 위해 기부와 기여를 해 주신 분들 중 해마다 3명의 후원자들을 선정하여 감사의 뜻을 전하는 것으로, 서울대학교의 연중행사 중 가장 큰 행사에 속한다.

고백컨대 그때까지 내가 만들어 본 동영상이라고는

스마트폰 영상이나 윈도우 무비메이커로 만든 영상이 전부였다. 나는 마음속으로 '큰일이다!'를 외치며 행사 관련 자료를 훑어보기 시작했다. 거기엔 수여자 명단과 기부액, 견적서 등이 기록되어 있었는데, 이상하게 그 해에 선정된 수상자는 3명이 아니라 4명이었다.

"어? 원래 세 분 아닌가요?"

"올해는 네 분입니다."

그렇게 자료를 살펴보던 중 의외의 사실을 알게 되었다. 네 번째 수상자는 다른 세 분에 비해 기부액이 현저히 적었던 것이다. 더 자세한 이야기는 듣지 못한 채 나는 네 번째 수상자에 대한 자료를 찾아보기 시작했다. 내가 개인적으로 그분의 자료를 찾아보기로 한 데에는 나름의 이유가 있었다.

사실 그때까지 이 행사에서 사용되었던 영상들은 일정한 형식에 맞추어 평범하게 제작되어 왔다. 예를 들어 비발디의 〈사계〉와 같이 귀에 익은 음악이 흐르고 슬라이드가 넘어가며 이에 맞추어 수상자의 증명사진과 약력, 금액이 뜨다가 마지막엔 '감사합니다'라는 문구로 끝나는 식이다. (나는 그제야 왜 내게 이런 일을 맡겼는지 알게 되었다. 기존 방식대로만 한다면 동영상 제작은 상당히 쉬운 수준이었기 때문이다.)

그러나 이번에도 기존 방식대로 동영상을 만든다면 네 번째 수상자의 기부액이 다른 수상자들과 너무 크게 비교될 것 같았다. '어쩌면 휙휙 넘어가는 슬라이드만으로는 담아낼 수 없는 특별한 이야기가 있진 않을까?' 나는 생각에 잠겼다. 그리고 그날 밤, 기사 하나를 만났다.

어느 날, 한 노인이 아주 오래된 양복 차림으로 학교를 찾아와 꼬깃꼬깃한 노란 봉투 하나를 건네고 사라졌다. 그 봉투에는 3억여 원의 현금이 들어 있었다. 보통 기부할 때는 사전에 총장님과 약속을 잡아 담화를 나누고 문서에 사인한 뒤 기념 촬영까지 한 다음 학교 차량으로 댁까지 모시는 것이 일반적인 수순이다. 그런데 이 노인은 그냥 찾아와 봉투를 던지다시피 기부하고 나가 버린 것이다. 직원이 곧바로 뒤따라 나가서 총장님을 뵙고 가시라고 했지만, 그는 기어코 뿌리치고는 홀연히 사라져 버렸다. 이후 이 일을 전해 들은 어느 기자가 노인을 취재하기 시작했고, 마침내 그를 찾아냈다. 그런데 그렇게 찾은 노인은 아직 완전한 겨울도 아닌데 실내에서 남루하기 그지없는 파카를 껴입고 있었고, 집의 창문과 벽은 비닐 몇 겹으로 대충 막아 놓은 상태였다.

그는 오래전 화학도를 꿈꾸며 서울대학교에 입학했다고 한다. 하지만 전쟁이 일어나면서 그 뜻을 이루지 못했고, 전후에도 일을 찾아 이리저리 세상을 떠돌며 힘든 나날을 보내야 했다. 그렇게 해외에서 노동자로 떠돌던 중 그는 우연히 신문 기사 하나를 보게 되었다. '일본에서 또다시 노벨상 수상 영광'이라는 헤드라인의 기사였다. 그는 탄식했다. '우리나라는 아직도 없는 것인가…….' 그리고 그때부터 결심했다. 미래의 우리 젊은이들을 위해 할 수 있는 일을 하기로. 그는 자신의 삶과 행복을 포기하며 돈을 모으기 시작했다. 겨울엔 추위를 이겨 내기 위해 보일러가 아닌 겹겹의 비닐들을 사용했고, 화장실에서 일을 본 뒤 물을 내리지 않으며 아낀 때도 있었다. 그렇게 오랜 세월이 흐른 후 그는 그동안 모은 돈을 품에 안은 채 정말 오랜만의 등교를 했다.

기사 사진으로 접한 노인의 모습과 집 분위기는 내 모든 신경을 멈추게 했다. 그렇다. 그분은 미래의 젊은이들을 위해 자신을 희생하며 살아온 것이다. 그러나 자칫하면 이 귀한 이야기는 기부액이라는 숫자에 묻힐 뻔했고, 그분의 가치마저 그 숫자 속에서 빛을 잃을 뻔했다. 나는 가진 능력이 별로 없던 나에게 이 일이 주어졌다는 사실에 감사했다. 그리고 단순히 '알바생'이 아닌, 그 순간만큼은 세상에서 가장 멋진 '후배'가 되어 선배님의 큰 뜻에 답장을 해 보고 싶었.

새로운 기획을 시도할 용기를 얻은 나는 그동안 모

아 둔 돈을 털어 구매한 첫 노트북 컴퓨터로 나만의 새로운 편지를 영상으로 만들었다.

드디어 수상식장! 엄숙한 국민의례가 끝나고 불이 꺼졌다. 그리고 모두의 우려 속에서 영상이 시작되었다. 약 4분 후 불은 다시 켜졌고, 식장은 찬물을 끼얹은 듯 조용했다.

고개를 푹 숙이려는데 갑자기 엄청난 박수 소리가 들려왔다. 박수를 치라는 사회자의 멘트도 없었고, 흔

히 박수를 치는 자리도 아니었다. 자세히 보니 눈물을 흘리는 참석자들도 있었다.

나는 그 행사가 무르익기 전 식사도 마다한 채 황급히 식장을 빠져나왔다. 그 격한 감정을 오로지 나 혼자만 느끼고 싶었기 때문이다. 왜 그런지 몰라도 갑자기 어머니가 보고 싶어졌다. 정말 아직도 모르겠다.

# 다시, 대항해 시대

인문대학 서양사학과
**주경철 교수**

주경철 교수는 서울대학교 사회대학 경제학과를 졸업하고 동 대학원 서양사학과에서 석사 학위를 받은 후 파리 사회과학고등연구원(EHESS)에서 역사학 박사 학위를 받았다. 현재 서울대학교 인문대학 서양사학과 교수로 재직 중이며, 서울대학교 역사연구소 소장과 중세르네상스연구소 소장, 도시사학회 회장을 역임했다. 지은 책으로는 《대항해 시대》(2008), 《마녀》(2016), 《주경철의 유럽인 이야기 1~3》(2017) 등이 있다.

 ## 연구실에 들어서며

　인류의 발전 과정에는 수많은 장벽이 존재했다. 그리고 누군가는 고통스러워하면서도 그 장벽을 넘기 위해, 장벽을 부수기 위해 끝없이 도전했다. 물론 처음에는 불가능의 벽이었겠지만, 그들은 결국 장벽을 넘었다. 그리고 열었다. 전에 없던 새로운 세상을.

　역사를 바라본다는 것은 단순히 과거의 사실들을 기억하는 차원을 넘어 그 속에서 오늘과 내일의 흐름을 통찰한다는 의미일 것이다. 역사라는 '이야기의 연장선' 위에서 오늘을 살고 있는 우리 역시 넘어야 할 장벽 앞에 서 있다. 누군가는 장벽이라 부르고, 누군가는 장애물이라 부를 것이며, 또 누군가는 '장벽이란 없다'고 말할 것이다.

　분명한 것은 그것을 무엇이라 부르든 장벽을 넘고자 하는 사람들에게는 그 장벽이 누구보다도 생생하게 보일 것이며, 끝없이 넘으려 할 것이라는 사실이다. 넘어서는 순간 오래전부터 꿈꿔 왔던, 아니면 꿈에도 상상하지 못했던 세계가 펼쳐질 것이라 믿고 있기 때문이다.

　주경철 교수님은 이러한 뿌리 깊은 장벽의 역사를 누구

보다도 잘 알고 있는 분이다. 교수님의 이야기를 듣고 있노라면 마치 그 시대를 살다 오신 분 같다는 착각이 들 정도로 생생한 감동이 느껴진다.

## 빈자리에 채워지는 것들

안녕하세요, 교수님. 이 시대를 살아가는 젊은이들에게 교수님께서 해 주실 수 있는 말씀이 있다면 무엇일지 듣고 싶어서 이렇게 찾아왔습니다.

젊은 친구들에게 어떤 말을 해 드릴까요? 미리 준비한 것도 없고, 솔직히 나도 아직 그렇게 늙은이는 아닌 것 같고…….
(웃음)

젊은이들은 한 살, 두 살 나이 들어 갈수록 불안해하죠. 그런데 쭉 돌이켜 보니 내 경우에는 10대보다 20대가 더 좋았고, 20대보다 30대, 30대보다 40대가 더 좋았던 것 같아요. 관점만 살짝 바꿔 보면 '나이 들어 가는 불안'이 아닌 '나이 쌓여 가는 맛'을 느낄 수 있을 겁니다. 그래서 우선 너무 걱정하지 말라는 말부터 해 주고 싶어요. 삶이 갈수록 더 좋아진다고 생각하고 살아가면 실제로 더 좋아지니까. 그렇게 한 세상 행복하게 살아 보세요. 너무 뻔하고 낙관적인 말인가요?

나는 인생을 걱정만 하며 치열하게 살아왔다고 생각하지는 않아요. 물론 의무적으로 해야 할 것은 하고 남는 시간에 '하고 싶은 것들'을 열심히 해 왔죠. 주어진 모든 일을 다 잘할 수는 없잖아요? 그래서 차근차근 일해 가면서 정리하고 버리고, 점점 비워 가려고 해요. 이 연구실만 봐도 그래요. 저 책들, 저게 다 짐 덩어리거든요. 방을 옮길 때마다 책을 추려 내고, 추려 냈는데도 아직 저만큼이에요. 지금 이 방이 그나마 평생 가장 비어 있고 깨끗한 상태입니다.

이제부터라도 조금 더 가볍고 행복하게 살기 위해서 조금씩 더 내려놓고 버릴 생각이에요. 일도 마찬가지입니다. 내 능력에 한계라는 것이 있는데, 이것저것 다 하려 들지 않고 조금이라도 줄이며 그 속에서 그나마 조금 더 나은 것, 더 좋은 것에 집중하고 싶군요.

사실 누구나 살다 보면 생각이 자꾸 쌓이고 쌓이면서 점점 지저분해지기 마련이에요. 그런데 어느 순간 한계치를 넘고 나면 거기에 짓눌리고 휘둘리게 됩니다. 삶의 우선순위가 희미해지고, 뭐가 중요한 건지 헷갈리게 돼요. 그런데 이렇게 비워 내고 나니까 비로소 뭘 해야 하는지 선명하게 떠오릅니다. 나는 이제 예전부터 쓰고 싶었던 책을 한 권 집필할 생각이에요. 짐더미에 둘러싸여 있을 땐 이런 생각을 못 했었죠. 세상에서 제일 좋은 게 '내가 하고 싶은 것'이잖아요?

교수님께서는 '비우기'를 하실 때 버릴 것들을 항상 과감하게 버리시는지요?

버릴 때마다 선택의 상황에 놓이게 되죠. '이건 나한테 어떤 의미지?', '혹시라도 이게 앞으로 내게 소용이 있을까?' 하면서 머뭇거리게 됩니다. 꼭 갖고 있어야 할 핵심 가치라는 것도 없어요. 지금 이 연구실을 보세요. 여기서 90%를 더 버려도 사는 덴 아무 지장 없거든요? 그런데 아직도 못 버리고 있어요.

문득 우리가 버려야 할 것은 욕망이 아닐까 하는 생각이 듭니다. 그럼 질문을 바꿔서 우리 젊은이들이 버려야 할 욕망과 버리지 말아야 할 욕망은 무엇일까요?

사실 그런 건 없어요. 무언가를 찾거나 원할 때 '버려야 한다', '버리지 말아야 한다'처럼 그 답을 내가 함부로 말해 주면 안 될 것 같아요. 남이 찾는 것은 찾는 대로 내버려 둬야죠. 옆에서 감 놔라 배 놔라 하면 안 될 것 같다는 뜻입니다. 오직 해 줄 수 있는 말이라곤 '열심히 찾아봐'예요. 그렇게 좋은 것을 왜 남이 이야기해 줘야만 할까요? 자신이 찾고 발견해야 의미가 있고 이유가 생기는데 말이죠. 그 순간은 어떤 것과도 바꿀 수 없는 귀한 거예요.

## 장벽을 뛰어넘은 사람들

교수님께서는 그동안 수많은 학생들을 만나셨을 텐데, 학생들의 가장 큰 고민은 무엇이었나요?

나는 학생들과 자주 만나는 편이에요. 그래서 젊은이들이 얼마나 많은 고민을 안고 있는지 알고 있지요. 나 역시 고민을 참 많이 했었지만 가장 흔하면서도 큰 고민은 역시 '내가 무엇을 원하는지' 모른다는 것입니다.

만약에 자기가 정말 원하는 무언가가 있는데 그걸 이루기가 어렵다고 한다면 그건 고민이 아니에요. 다만 어려울 따름이지요. 그건 어떻게든 넘어갈 수 있을 겁니다. 그런데 보통 대학교 1, 2학년 학생들을 만나서 얘기해 보면 지금의 전공이 자신의 삶에 별 의미가 없다고 느끼는 것 같더군요. 물론 뭔가를 해야만 할 것 같고, 좀 더 발전하고 싶고, 의미 있는 일을 해내고 싶다고는 하지만, 정작 무엇을 해야 좋을지 모른다는 거예요. 마치 캄캄한 어둠에 둘러싸인 기분이라고나 할까?

우리 교육 환경은 그동안 남이 던져 주는 문제에 답을 잘하는 학생을 길러 낸 것이 사실이죠. 그렇게 대학까지 오게 됐는데, 이제는 자기가 문제를 내고 스스로 답을 찾아야 할 상황이 닥친 거예요. 하지만 문제를 찾아내는 능력이 없잖아요. 바로 이 능력을 키워야 하는 게 우리 젊은이들에게 주어진 과제예요. 인생에서 가장 필요한 능력이니까요.

덧붙이자면 내게 찾아온 학생들 중에는 계속 공부해서 학자의 길로 가고자 하는 경우가 있어요. 이 길은 비록 힘들겠지만 큰 고민은 없습니다. 하지만 반대로 학부 졸업 후 곧바로 사회에 진출하려 할 때 진로와 전공이 맞지 않으면 고민이 많을 겁니다. 사실 이런 학생들에게는 누구도 속 시원히 답을 주지 못합니다. 지켜보는 입장에서는 이럴 때 '그냥 자기 하고 싶은 공부나 진로 준비를 소신 있게 해 나가면 되는데 괜히 힘들게 걱정하고 있구나' 하는 생각이 들죠. "자신의 삶에서 더 크고 중요한 고민을 해!"라고 권하고 싶습니다.

방금 해 주신 말씀과 관련하여 교수님의 저서인 《대항해 시대》가 떠오릅니다. 그리고 지금, 인터넷이 발달하면서 대항해 시대가 다시 열리고 있다는 생각이 드는데요. 한편 정보의 고속도로인 바다가 대항해 시대 이전까지 문명과 문명 간의 장벽이었듯이, 지금은 고정관념 같은 것이 큰 장벽으로 존재하는 것 같습니다. 가령 인터넷을 보다 보면 '불가능하다', '그러면 실패한다', '그건 어리석은 짓이다'라는 말이 많은데, 이런 말들을 볼 때마다 열망이 사라지고 두려움과 불안만 생깁니다.

지금 말한 것들 모두 우리 마음속에서 스스로 만들어 낸 철조망 같은 것이에요. 사실 요즘 젊은 친구들을 곁에서 지켜보면 우리 세대에 비해서 감수성도 훨씬 풍부하고, 지적인 능력도 뛰어나다는 것을 많이 느껴요. 게다가 매체의 발달 덕분에 옛날 같았으면 도저히 알 수가 없는 여러 정보들까지 바로바로 찾아낼 수 있죠. 어쩌면 지금의 젊은 친구들이야말로 인류 역사상 가장 똑똑한 사람들이 아닐까요? 물론 다 그렇다는 이야기는 아니에요. 하지만 그 어느 세대보다도 똑똑하고 감수성 풍부한 세대인 것만은 확실해요. 그러니 불가능하다는 식으로 집단적인 자기 비하를 하지는 말았으면 해요. 반대로 '우리 그러지 말자!'라고 이야기해 주길 바랍니다. 힘내라고 하는 소리가 아니라 솔직한 심정으로 말해 주고 싶군요. "야, 넌 굉장히 똑똑한 애야! 내가 젊었을 때보다 훨씬 나아!"

과거 대항해 시대 이전에 인류의 소통을 가로막았던 장벽이 이제는 정보의 고속도로가 된다는 이야기는 우리 삶에서 참 괜

찮은 메타포이기도 하네요. 지금 꽉 막고 있다고 여겨 왔던 어떤 것이 갑자기 고속도로가 된다는 것은 우리 모두의 삶에서 반드시 만나게 될 순간이기도 하겠지요.

대항해 시대 이야기에서 가장 중요하게 여겨야 할 것은 무엇일까요? 보이는 현상에 앞서 장벽의 시대를 넘어 새로운 시대를 열었던 사람들의 마음입니다. 도대체 그 사람들은 무슨 생각을 가지고 그런 도전을 감행했을까, 궁금하지 않아요? 어쩌면 굉장히 거친 생각일 수도 있고, 폭력적일 수도 있겠지만, 꼭 그렇게만 이야기할 수 없는 복잡한 서구문명의 의식 혹은 무의식이 있지 않았을까요? 그랬기에 다른 문명의 사람들이 하지 않았던 행동을 하지 않았을까요? 생각해 봐요. 왜 그때 사람들은 목숨 걸고 수평선을 넘으려 했겠어요? 대체 왜?

그래서 나는 한 인물에 초점을 맞춰서 그의 내면을 읽어 보고 싶었어요. 그 인물이 바로 콜럼버스입니다. 당시 가장 최전선에 섰던 특이한 인물이었으니까요. 어느 면에서는 가장 비즈니스적인 생각을 가졌고, 신분 상승에 대한 열망이 강렬했던 인물이기도 하지만, 동시에 가장 종교적인 인물이기도 했어요. 물론 요즘이야 어느 기업의 CEO가 얼마든지 독실한 신자일 수 있죠. 하지만 콜럼버스는 그런 차원이 아니었어요. 지금 바로 이곳에 하나님이 계시고, 항해는 하나님의 뜻이며 이미 예언되어 있다고 믿었던 굉장히 독특한 인물이었지요.

그의 종교적 믿음을 '종교'가 아닌 일반적인 '신념', 혹은 '믿음'에 초점을 맞춰 보면 이상하게 자꾸 스티브 잡스가 오버랩

됩니다. 스티브 잡스도 일종의 도인道人 같은 요소가 있고, 무언가 하나에 꽂히면 미친 사람처럼 매달리고 파고드는 인물이었잖아요. 콜럼버스가 항해에 몰두했듯이 스티브 잡스는 IT에 몰두했고, 두 사람 다 세속적 욕망을 넘어 '믿음'이란 게 있었어요. 스티브 잡스는 "믿어라, 좌우지간 뭐든지 믿어라!"라고 말했지요. 콜럼버스와 잡스 두 사람 모두 엄청난 꿈이 있었고, 그것을 향해 무서울 정도로 집요하게 파고드는 집념도 있었지만, 무엇보다 그런 동력을 지속적으로 끌어 줄 믿음이 있었던 거예요. 그게 바로 장벽을 넘는 사람들만의 저력일 겁니다.

## 역사 속에서 찾아야 할 것들

우리나라도 앞으로 계속 새로운 역사를 만들어 갈 텐데, 우리가 가야 할 옳은 방향은 무엇일까요?

대한민국 사람들은 정말 특이해요. 지금 남북한의 차이를 봐요. 남한은 남한대로 희한하게 역동적이고, 북한은 또 이해가 안 될 정도로 또 다른 종류의 역동성이 있잖아요? 남쪽이든 북쪽이든 어떻게 한번 방향을 잡고 나서 그렇게까지 발전했는지 신기할 때가 있어요. 한편으로는 그랬기 때문에 망하지 않고 계속 살아왔구나 하는 생각이 들어요.

이제 시간이 흐르면 우리도 가야 할 방향에 대해 좀 더 또렷한 시야를 갖게 되겠죠. 그 과정에서 엉망진창이었던 것들이 점점 제대로 정리되고, 악습과 구태들도 개선되면서 슬기롭게 잘 나아갈 겁니다. 우리는 이렇게 극복하는 과정에서 세상의 새로운 패러다임을 디자인할 수 있어야겠죠. 그게 중요해요. 영국이나 미국처럼 세계를 장악하는 것이 아니라 네덜란드처럼 작지만 외압에 눌리지 않으면서 자신들만의 독특하면서도 행복한 세상을 만들어 나가는 것이 좋지 않을까요? 그렇게 우리만의 방식으로 새로운 길, 새로운 모범을 보여 줄 수 있다면 정말 좋을 거예요. 굳이 일본을 혼내 줄 필요도 없고, 중국에게 한 펀치 날릴 필요도 없어요. 다만 우리 스스로 우리의 세상을 행복하게 잘 가꿔 나가는 것이 가장 중요한 가치가 될 거예요. 그러면 일단 우리가 행복하고, 남들이 볼 때도 '저렇게 행복한 것이 가능하구나' 하며 희망을 품을 거예요. 그러기 위해선 큰 틀로 세상을 바라보고 세계의 큰 흐름도 느끼며 그 속에서 우리 세상을 우리 시각으로 보아야 합니다. 그리고 그 안의 나 또한 행복하기 위해 끊임없이 연구하고 디자인해 나가야 할 겁니다.

지금 우리나라 사람들이 꼭 알아야 할 서양사는 무엇일까요?
여러 가지가 있겠지만 소국의 역사, 그러니까 베네치아나 네덜란드처럼 강대국에 둘러싸인 조건에서 오히려 그 점을 잘 이용하거나 극복하면서 잘 살아가는 지역, 문화적으로 독창적이고 풍요로운 나라의 역사를 알았으면 해요. 우리나라가 벤치마킹하면 좋을 나라들이니까요.

교수님 저서가 참 많은데, 그중 가장 애착이 가는 책과 요즘 학생들이나 젊은이들이 읽었으면 하는 책들도 함께 추천해 주시면 감사하겠습니다.

사실 저에게는 제 책들이 하나같이 다 중요하고 소중합니다. 그렇지만 젊은이들에게 특히 읽어 보라고 권하고 싶은 책은 《일요일의 역사가》입니다. 이 책은 나 자신이 역사가이면서 또 역사가가 아닌 듯, 그 중간에서 여러 장르들을 오가며 생각해 본 내용들을 쓴 것입니다. 히스토리인 듯, 다른 한편으로는 스토리인 듯 흥미롭게 읽어 볼 수 있으리라 기대합니다.

교수님께서 생각하시기에 현대사회에서 사학이 갖는 비전은 무엇이라고 생각하시는지요? 사학이란 단지 '과거의 지나가 버린 이야기'들이 아니라 '현재 우리의 삶을 비추고 있는 또 하나의 거울'이라는 생각이 듭니다.

사학의 기능 혹은 비전은 나와 우리의 '정체성'을 확인해 준다는 것이겠지요. 그것도 아주 풍요로운 내러티브 속에서 우리가 누구이며 그래서 앞으로 어떤 존재, 어떤 사회로 나아가는 게 좋은지 생각할 거리를 주기 때문에 사학은 지금도, 앞으로도 늘 중요한 역할을 할 수밖에 없을 겁니다. 물론 아쉽게도 지금 우리 사회가 그런 점을 잘 인정하지 않으려 하지만 말입니다.

## 체념 뒤에 찾을 수 있는 귀한 가치

사실 나의 선배 세대들은 고생은 고생대로 지독하게 했지만 그래도 보람은 있었던 것 같아요. 무언가를 이룬 것이 있으니까요. 내가 속한 세대도 바로 그 끝물 정도에 해당되겠죠. 그런데 사실 물질적으로만 보면 지금의 젊은 세대가 누리는 것이 윗세대들과는 비교할 수도 없을 만큼 풍족해요. 그래서 몇몇 윗세대들이 볼 때는 지금 젊은 세대들이 이해되지 않을 수도 있어요. '왜들 저렇게 사나, 왜 저렇게 무기력할까, 우리 때는 얼마나 고생했는데' 하고 말이에요. 하지만 뭘 모르고 하는 얘기죠. 왜냐하면 물질적으로 조금 풍요롭다고 무조건 행복한 건 아니니까요. 그렇다고 지금까지 기성세대들이 해 왔던 것들을 같은 방식으로 해 나가는 것도 의미가 없어요. 그래서 지금 약간 정체하고 있는 거겠죠. 결국 우리 기성세대가 해야 할 것은 예전보다 훨씬 똑똑하고 열정적인 지금 세대들이 새로운 뭔가를 만들어 낼 것이라 믿고 응원해 주는 것이라 생각해요.

내가 강연을 하면서 고등학생들에게 이런 이야기를 해 주었더니 그 친구들이 거꾸로 그럼 행복의 조건이 뭐냐고 물어보더군요. 처음에는 행복의 조건이 '돈을 많이 버는 것일까?'라고 질문했어요. 학생들은 그게 답이라고 말하더라고요. 그런데 돈이 많아서 행복도가 더 높아진다면 부자 나라의 사람들은 모두 행복하고, 가난한 나라의 사람들은 모두 불행해야 할 텐데 그렇진 않잖아요. 그래서 행복한 사람의 비율이 어느 나라나 다 비숫비슷한데 그럼 돈이 행복의 조건이라는 말은 모순이 아니냐고 이야기해 줬죠. 그래서 결국 부가 어느 단계까지는 사람을 행복하게 해 주는 것은 맞다, 그러나 일정 수준을 넘어서면 경제적인 방식을 통해서 사람을 행복하게 하는 데는 한계가 있다, 오히려 부작용이 더 많아진다는 쪽으로 결론이 났어요.

예를 들어, 월급을 200만 원 받다가 300만 원 받으면 정말 행복하죠. '야, 이제 좀 나아졌다' 하고 말이에요. 300만 원에서 500만 원 받아도 같은 반응이 나올 거예요. 하지만 1,000만 원 받다가 1,100만 원이 되면 별 감흥이 없을 겁니다. 사실 우리 사회가 아직 평균적으로 월급을 1,000만 원 받는 상황은 아니지만 언젠가는 그 정도 수준까지 오르지 않겠어요? 그러니 지금부터 우리에게 중요한 것은 방향을 새롭게 잡는 데 있다고 생각합니다. 우리 사회도 처음엔 보람을 느끼다가 지금 많이 좌절하고 있잖아요? 사실상 세계에서 자살률 1위인 나라가 되었죠. 바로 이 점이 방향성에 대해 많은 것을 이야기해 준다고 나는 생각해요. 점점 소득 수준은 높아지는데 그만큼 스트레스 받는다는 것은 그동안 우리 사회가 방향을 제대로 잡지 못해서 그런 것은 아닐까요? 물론 그렇다고 해서 지금 사회가 정한 방향을 완전히 외면하라는 말은 아니에요. 현실을 늘 의식하되 한 발자국 떨어져 적당한 선에서 사회와의 관계를 유지하고, 자아가 매몰되지 않게 하며, 자신만의 새로운 방향과 모델을 만들어 봐야 해요. 그렇게 하면 분명 더 좋은 일이 생길 거예요.

돌이켜 보니 예술을 가장 잘 이해했던 친구들은 인문대학 친구들이었고, 음악을 누구보다도 잘 이해했던 친구들은 공과대학 친구들이었습니다. 학교라는 작은 사회를 겪으면서 관련이 적어 보이는 것 같은 전공들이 서로 잘 융합한다면 더 나은 세상이 되지 않을까 하는 생각이 들었습니다.

동감입니다. 과학과 기술은 정말 파워풀한데 그것만 있으면 방향이 없잖아요? 또 예술이 세상을 풍요롭게 해 준다고 하지만 그것만 있으면 심심하잖아요? 그래서 이 모든 것이 잘 어우러져야 한다고 생각합니다. 물론 이는 개인의 차원에서도 이뤄져야 하지만 한계가 있으니까 무엇보다 사회 속에서 자기 분야 밖의 다양한 사람들을 만나 영감을 얻고 함께 나아가고 그 방향을 새롭게 만들어 가는 것이 중요하겠죠. 그건 그렇게 어렵지 않을 것 같은데, 할 수 있지 않을까요?

예, 교수님! 그럼 마지막으로 젊은 세대들에게 해 주고 싶으신 말씀이 있는지요?

평소에 늘 응원하긴 하지만, 당장 떠오르는 말이 있다면 아까 해 주었던 이야기와 비슷한 건데, '체념'이라는 단어입니다. 이 단어는 오해 없이 들어 주길 바랍니다. 체념諦念이라는 단어를 단념한다는 뜻으로만 알고 있을 텐데, 사전에 '깨닫는 마음'이라는 다른 의미도 나와 있어요. '내가 손에 꽉 쥐려고 했는데, 혹은 꽉 쥐고 있었는데 사실 다시 보니 이거 아무것도 아니었구나, 별 가치가 없는 것이었구나!' 하는 것도 체념이라는 거예요. 그래서 괜히 쓸데없는 데 에너지를 낭비하고 집중하기보단 정말 내가 좋아하는 것, 진짜 좋아하기에 모를 수가 없는 것, 그런 정말 소중한 것들에 나의 온 가슴과 머리를 집중시키세요. 나머지 것들은 '그렇게 의미 있는 것은 아니었구나!' 하며 스르륵 놔 버리세요. 그리고 자기가 하고 싶은 것을 용기 있게 찾아 나서세요. 이런 의미에서 내가 체념에 대해 한 번 다시 생각해 보라는 겁니다. 이제 놔 버릴 것 놔 버리고 더 귀한 것을 깨달으라고 말이에요. 그리고 정말 마지막으로 행복하게 늙어 가길 바랍니다. 체념 뒤에 더 귀한 가치를 찾을 수 있다고 믿게 된다면 시간이 갈수록 정말 행복하게 늙어 갈 수 있을 겁니다.

 **연구실을 나서며**

지금 당신이 가고자 하는 길은 어디로 향해 있는가? 목적지로 가는 방향을 알게 되면 당신은 여행을 떠날 준비를 하게 될 것이다. 옷도 챙기고, 신발도 신고, 세면 도구들과 비상약도 챙기고, 운이 좋다면 함께 갈 동반자도 만날 수 있을 것이다.

그렇다면 그 여정에서 앞으로 넘어야 할 장벽도 보이는가? 바로 이 지점에서 주경철 교수님은 이렇게 말씀하셨다.

"세상에 넘지 못할 장벽은 없다. 넘어야 하는 사람들에게 장벽이란 단지 '조금 높은' 디딤돌에 불과하다."

## 미술대학 졸업 전시

서울대학교의 많은 행사들 중 12월에 미술대학에서 열리는 '졸업 전시회'가 있다. 미대 졸업 전시회에는 동양화, 서양화, 조소, 공예, 디자인까지 모든 미술 분야가 한데 어우러져 있다.

모두가 도구를 사용하지만 그 도구로 표현하는 개성과 만들어 내는 작품들은 실로 다채롭다. 누군가는 글을 쓰기도 하고 다른 누군가는 그림을 그리며 또 다른 누군가는 조각을 하기 때문이다.

졸업 전시회는 미술대학의 모든 공간에서 개최되는데, 각 작품마다 작가 한 사람, 한 사람의 삶이 고스란히 담겨 있다. 누군가는 24년 된 이야기, 또 누군가는 30년이 넘는 이야기를 쏟아붓는다. 그런 삶의 엑기스들은 벽에, 화단에, 방 안에, 어둠 속에 있으며, 심지어 천장에 매달려 있기도 하다.

이 이야기들에는 옳고 그름이 없다. 다만, 그들이 세상을 바라보고 이해하면서 다가간 시도의 흔적들만 남아 있을 뿐이다. 만약 기회가 된다면 그들의 세상을 이해해 보려 작품 앞으로 한 발짝 더 다가가 보길 바란다.

모든 미술관에는 경계선이 있다. 그러나 미술대학 졸업 전시회에는 경계선이 없다. 그렇기 때문에 작품에 더 다가간다면 그만큼 더 신비로운 세상을 만나게 될 것이다. 혹시 아는가? 그렇게 머물다 보면 설익은 듯한, 그러나 신선하고 상큼한 이야기가 당신 안으로 쑥 들어올지.

### 사심 없는 짤막 정보 하나!

미술대학 52동에는 5~6년 전부터 매번 공예과 전시가 열리고, 바로 옆에서 도자 바자회 판매전이 열리는데 인기가 여간 좋은 게 아니다. 판매전에는 학생들이 1년 동안 만들어 모아 둔 작품들이 부담 없는 가격에 판매되고 있다. 내가 보기에는 어디서도 볼 수 없는 세련된 도자기들인데, 그들의 눈엔 약간의 아쉬움이 담겨 있다.

어느 해엔가 나는 추위를 피해 이 행사장에 잠시 들렀다가 특별한 만남을 가졌다. 친절한 작품 설명과 따뜻한 차 한 잔 덕분에 편안한 마음으로 작품들을 감상할 수 있었는데, 특히 작품을 만든 학생들의 표정이 매우 맑아서 나의 뇌리에 깊이 각인되었다. 이때 내 생애 최초로 나만의 밥그릇과 작은 찻잔이 생겼으며, 바자회 기간에 작은 찻잔 몇 개를 더 구입해 두는 습관도 생겼다.

# 미쳐야 미치지

미술대학 디자인과
박영목 교수

박영목 교수는 서울대학교 미술대학 응용미술학과를 졸업했다. 이후 일본 쓰쿠바 대학교 생산미술학과에서 석사 학위를 받았으며, 성균관대학교 유교철학과에서 박사 학위를 받았다. 국민대학교 조교수로 있었으며, 현재 서울대학교 미술대학 디자인과 교수로 재직 중이다. 디자인을 시작하는 사람들에게 도움이 될 만한 디자인 전반에 대한 소개, 경험 등의 내용을 게재한 블로그 '디자인잡론(blog.naver.com/parkym61)'을 운영하고 있다.

 ## 연구실에 들어서며

    이상을 좇는다는 말은 늘 이상하게 느껴진다. 눈에 보이지도, 손에 잡히지도, 귀에 들리지도 않는 것을 어떻게 따를 수 있을까. 그래서 다들 자기도 모르게 '너무 이상적인 이야기야' 하며 체념하는 건지도 모른다. '이상'으로 시작된 대부분의 대화가 결국 '이상적'이라는 아쉬움만 뇌리에 맴돌면서 끝나는 것처럼.

    박영목 교수님은 누구보다도 당신 앞의 현실을 치열하게 고민하신 분이다. 그렇다면 교수님은 '차갑고 이성적인 현실주의자'일까? 물론 그런 면도 없지 않겠지만, 박영목 교수님과의 대화는 이상하리만치 이상적이었다. 우리의 이야기가 끝나갈 무렵, 그 이상은 '보이는 것보다 훨씬 가까이 있는 것'처럼 느껴졌다.

## 막막하니까 미쳐라

교수님, 저를 포함해 힘든 이 시대를 살아가는 수많은 젊은 이들에게 꼭 해 주고 싶은 말씀이 있다면 무엇일지 듣고 싶습니다.

우선 젊은 친구들에게 해 줄 이야기는……, 위로밖에 없어. 참 안됐어. 우리 세대가 젊었을 때는 지금보다 기회가 훨씬 많았어. 디자인 분야의 경우 디자인을 한다는 것만으로도 선구자로서 주목받고 역량을 발휘할 기회가 얼마든지 있었으니까. 지금은 기회 자체가 너무 없잖아. 열심히 공부하고 노력한 만큼 능력을 발휘할 최소한의 기회가 있어야 하는데 말이야. 특히 산업디자인은 입지가 좁아지고 수요는 양극화되니까 소비자들도 명품 아니면 값싼 상품을 구매하지, 젊은 디자이너들이 창의적으로 만든 물건을 선택하진 않거든.

얼마 전에 내가 디자인 1세대 선배와 대화를 나눈 적이 있는데 그분들이 활동하던 시대에는 사실 디자인이란 게 그다지 필요가 없었대. 일을 구하거나 일을 시키는 사람이 아무도 없었다는 거야. 사회적으로 디자인에 대한 필요성을 못 느꼈으니까. 그런데도 선배들은 꾸준히 전시를 하고 밤새워 일했어. 전셋집 빼서 월세로 옮겨 가면서까지 했던 거야. 얼마나 힘들었겠어. 그러니까 1세대는 사회에 디자인이 필요하다는 것을 인식시킨 세대라고 할 수 있지. 그 이야기를 나누는 동안 이런 생각이 들었어. '안타깝지만 그때 1세대들이 겪었던 어려움을 지

금 젊은 세대가 겪어야 하는구나. 결국 본인들이 헤쳐 나갈 수밖에 없구나.'

세상이 그렇게 돼 있단 말이지. 산업이 발전하면 디자인이 발전하고, 산업이 쇠퇴하면 디자인도 없어져. 예를 들어 웹디자인 시장이 커지면 웹디자인 학과, 애니메이션 학과가 생기지? 그런데 웹이나 애니메이션이 없어지면 그 학과도 없어져. 산업이 성장기에서 안정기로 접어드니까 전혀 새로운 국면을 만나게 된 거지.

결국 산업이 활성화되던 시기에 디자인이 필요하다고 알린 사람들이 1세대라면, 산업이 안정되고 사람들의 삶이 바뀐 지금, 디자인은 어떠해야 하는지에 대한 해답을 찾아야 하는 것이 지금 세대의 몫인 것 같아. 그런데 안타깝게도 그들에게 보여 줄 모범 답안은 없고, 오로지 그들 스스로 답을 찾아야 하는 거야. 물론 1세대들에게도 모범 답안은 없었고, 그저 온몸으로 암중모색의 시기를 거쳐 왔지. 그래서 위로밖에 해 줄 수 없는 내 마음도 참 괴로워. 그래도 한마디를 해 준다면 '미쳐라', 이 말을 해 주고 싶어. 나를 미치게 만드는 것을 만나라는 뜻이야.

### 피를 끓게 만드는 것을 만나라

대학원 시절에 참 빌빌거리던 친구가 하나 있었어. 농구도 잘하고 수영도 잘하고 좌우지간 운동은 다 좋아하는데 정작 전공인 디자인을 못하는 거야. 그래도 졸업해서 먹고는 살아야할 것 아니야. 그래서 여기저기 기웃거리다가 대기업 다니는 동기나 친구들과 함께 디자인 에이전시를 만들었어. 그런데 동료들은 디자인을 잘하는데 자기는 실력이 너무 떨어지는 거야. 그러니 얼마나 좌절감에 빠졌겠어? '디자인으로는 이 친구들을 도저히 못 따라가겠구나.' 이런 생각도 했겠지.

한편으로 디자인이란 게 결국 남이 부탁한 것을 계속 만들기만 하는 일이잖아. 그 친구는 자기 물건을 생각해 보고 싶어졌나 봐. 그래서 제조업에 관심을 가지게 되었지. 그러고는 무턱대고 제조업 관련 회사를 찾아가서 사장 면담을 요청했대. 처음에는 미친놈 취급도 받고 혼나기도 하고 그러다가 어쨌든 제조업에 손을 대긴 했어. 그런데 웬걸, 이상하게 제조업이 그렇게 재미있더래. 일 배우는 것도 너무 재미있고, '왜 5원이 안 맞지?' 뭐 이런 고민으로 밤새도록 따져 보는 것도 너무 재미있었다는 거야. 잠자리에 들어서도 일 생각만 나고, 아침에 눈 뜨자마자 일 생각부터 하고, 밥 먹을 때도 일 생각이 나고 그러더라는 거야. 그렇게 한 5년을 일하더니 빌딩을 세웠어.

흔히 '열심히 해야 해, 열심히 해야 해'라고 말은 하지만 왜 열심히 해야 하는지는 설명해 주지 않잖아? 그런데 솔직히 말해 열심히 해서 잘된 적이 얼마나 있지? 그저 '열심히'라는 말만 앵무새처럼 되풀이하는 건 아닐까? '열심히' 혹은 '노력', 이런 말에 잠시 의심을 품어 봐. 예를 들어 내가 어떤 취미나 술, 이성 친구, 게임에 몰입해 있을 때 나 스스로 '열심히 하고 있다'

는 인식을 하지는 않잖아? 나는 그것들을 열심히 해 본 적이 없어. 다만 그게 좋아서 그냥 하고 있을 뿐이야. 그렇지? 그러니까 열심히 한다는 것은 상태를 표현하는 말이지 목표가 될 수 있는 말은 아니야.

'열심히'라는 말이 생각도 안 날 정도로 나를 미치게 만드는 무언가를 만난다는 것은 행운이야. 그게 3년짜리라면 주변에서 잘한다는 소리를 듣게 되겠지. 10년짜리를 만나면 어떻게 될까? 그 업계에서 알아줘. 한 30년짜리를 만나면 우리나라에서 제일 잘한다는 이야기를 들어. 그래서 나는 젊은 친구들에게 이렇게 말해. '네 피를 끓게 만드는 것을 만나라. 그 만남을 위해 끝없이 시도하고 부딪쳐라.' 만나기 전에는 내 피가 끓을지 안 끓을지 알 수 없어. 마치 연애처럼 말이야. 그 여자를, 그 남자를 만나기 전에는 아무것도 알 수 없어. 만나야 기적이 벌어지는 거야. 그럼 나머진 필요 없어. 그냥 잘하게 되어 있으니까. 자기가 잘하기 위한 방법도 찾게 될 것이고 나머지 난관도 모두 헤쳐 나가게 돼 있어. 바로 그걸 만나는 것이 행운인 거야.

### 그냥 좋으니까!

교수님께서는 언제 그런 만남을 경험하셨는지요?

나는 24살 때 회사에 들어갔어. 그리고 40대 후반까지 한 20

년 동안 미친 듯이 일만 했지. 그땐 몰랐는데 20여 년 동안 집에서 잔 게 10년이 채 안 되더라고. 무슨 이야긴지 알겠어? 작업장에서 밤샘 작업을 하며 쪽잠을 잤던 거야. 두 달 동안 집에 안 간 적도 있어. 솔직히 그때는 경주마처럼 앞만 보고 달려야 한다는 신념을 갖고 있었지. 정상에는 여럿이 설 수 없다, 미쳐야 산다, 사람이 일하다 죽는 법은 없다, 일하면서 몸 사리는 거 아니다, 이렇게 생각하며 투견처럼 20년을 살았어. 그래서 내가 내놓은 결과물을 놓고 남들이 평가하는 것을 너무나 싫어했어. 내 일에 대해 평가할 수 있는 사람은 나뿐이라고 생각했지. 무슨 뜻이냐 하면 스스로 더 손댈 곳이 없다고 느낄 때 손을 놓았던 거야. 조금도 손댈 곳이 없을 때까지 말이야. '그렇게 20여 년을 산 덕분에 지금 이렇게 서울대 교수가 되어 있구나' 하고 생각해. 그리고 그 순간들이 나에게 엄청난 축복이었다는 생각도 들어.

그런데 이 책을 위해 다른 교수님들을 인터뷰하던 중 GDP가 3만 달러를 넘어 컴포트 존comfort zone에 들어가면 젊은 세대들은 새로운 시도를 하지 않는다는 이야기를 들은 적이 있습니다. 교수님께서는 컴포트 존의 유혹을 뿌리치고 디자인을 선택하신 특별한 이유가 있나요?

'당신은 왜 디자인을 하는가?'라는 질문을 받으면 보통 머릿속으로 합리적인 대답을 찾으려고 해. 하지만 그런다고 답이 나오진 않아. GDP가 10만 달러를 넘어도 우리가 디자인을 하는 이유는 따로 있어. 그게 뭘까? 바로 '좋아서'야. 좋아서 하는 거야.

일전에 외부 업체에서 일하는 친구 한 명을 소개받은 적이 있어. 전문대를 졸업했는데 참 정겹고 밝은 사람이었지. 일이 끝난 뒤에도 계속 형과 아우처럼 만났어. 그런데 한번은 그 친구가 이러는 거야. "교수님은 왜 저랑 다니세요?" 무명 업체에서 일하는 전문대 출신을 왜 만나 주는지 궁금하다는 거야. 내가 그랬지. "그냥 좋으니까."

그런데 그 친구, 얼마 뒤에 다니던 회사를 그만뒀어. 왜 그만뒀냐고? 자전거로 유럽을 일주하고 싶어서 그만둔 거야. 그 친구 체력이 몬스터 급이거든. 서울에서 부산까지 24시간 안에 주파할 정도야. 그러니까 100일 동안 유럽 10여 개 나라를 자전거로 돌겠다는 계획도 전혀 무리가 아니지. 좌우지간 그 친구 떠난 다음에 내가 아는 원로 교수님께 이 이야기를 들려드렸더니 곧바로 이런 말씀을 하셨어. "그놈 자전거 되~게 좋아하는구먼."

솔직히 나도 유럽 자전거 일주 같은 것 해 보고 싶어. 그런데 그 친구는 떠나고 나는 못 떠난 이유가 뭘까? 내가 그 친구만큼 자전거를 좋아하지 못하기 때문이야. 내가 그랬잖아. 다 필요 없다고. 그냥 나를 미치게 하는 것을 만나는 것이 가장 중요하다고.

원자력을 개발한 연구자는 그걸 왜 했을까? 암세포를 획기적으로 치료할 약을 개발하는 사람은 그 일을 왜 하고 있을까? 지금 이 순간에도 세계 곳곳에서 무언가에 몰두하고 있는 사람들을 생각해 봐. 왜 한다고 생각해? 재미있기 때문이야. 좋아하기 때문이야. 다른 건 다 필요 없고, 오로지 그 생각밖에 없는 거야. 그냥 좋아하기 때문에.

## 창의적인 결과물은 미쳐 있는 상태에서 나온다

얼마 전 어느 학회에서 도전에 관한 이야기를 들었습니다. 노벨상에 제대로 도전하려면 실패 확률이 99% 이상인 연구를 해야 한다고 하더군요. 아마 우리도 남들이 가지 않은 길에 도전해 보자는 취지에서 나온 이야기였던 것 같습니다.

법과 제도와 질서를 만들면 방법과 순서와 규칙을 만들고, 그렇게 통제가 가능해진다고 믿는 집단이 있겠지. 예를 들어 교육 프로그램을 짜 주었는데도 학생이 공부를 안 하거나 못할 경우, 그 상황에 가해질 통제나 제재를 만들면 승부욕을 끌어올릴 수 있을 거라고 믿는 식이야. 그런가 하면 반대로 공부란 것이 그 자체로 얼마나 숭고하고 재미있고 좋은 것인지를 이해시켜서 스스로 공부하도록 동기를 부여하는 게 옳다고 믿는 집단도 있을 거야.

또 다른 걸 이야기해 볼까? 창의적인 생각을 끌어내기 위해 브레인스토밍 같은 기법을 쓰면 비교적 창의적인 결과물이 나온다고 믿는 집단이 있을 것이고, 새로운 세상이나 경험을 만나야 새로운 사고를 할 수 있다고 믿는 집단도 있을 거야. 네 경우는 어느 쪽이지? 작품을 할 때 어땠지?

미쳐 있었던 것 같습니다.

그렇지, 바로 그거야! 스스로 창의적인 상태가 되면 자연히 그렇게 되는 거야. 티베트에서 승려들이 경전을 읽고 서로 이야기하는 광경을 본 적이 있어? 1명은 서서 미친 듯이 춤을 추고, 다른 한쪽은 가만히 앉아서 그걸 보고 있어. 미친 듯이 춤추는 사람이 말하는 쪽이고 가만히 앉아서 보는 쪽은 그걸 듣는 거야. 서로 번갈아 가면서 말이야. 그게 그들만의 토론 방식이래. '경'의 목적이란 게 결국 '깨달음'이잖아? '이해understanding'가 아닌 거야. 그러니까 책에 적힌 내용을 해석하는 차원이 아니라 글과 글 사이의 숨은 뜻을 온몸으로 받아들여야 하는데, 그러기 위해서 자기 몸을 흥분 상태로 만들어야 하는 거야. 미친 듯이 몸을 막 움직여서 그런 상태를 만드는 거지. 다시 말해서 경에 담긴 뜻은 머리로 해석하고 물리적으로 이해해선 안 되는 차원이기 때문에 몸을 그 상태로 만드는 거야. 그건 술에 취하거나 감정이 극대화된 것이 아니라 굉장히 순수한 차원에서의 흥분 상태지. 가령 좋은 시나 그림, 음악을 만났을 때처럼 말이야.

그런 감동 상태는 스스로를 창의적으로 만들어. 예컨대 우리나라 연구실을 외국의 노벨상을 받은 연구팀의 것과 똑같이 해두고 똑같은 시설을 사용하여 99번 실패한다면, 그다음 100번째에는 노벨상을 받을 수 있을까? 아니면 연구에 미쳐서 수십 년이 넘게 그 연구를 할 수 있는 사람들을 지원해 주고 응원해 주는 것이 더 나을까? 지금까지 노벨상 받은 사람들이 다들 전 수상자를 따라 해서 받았겠어? 아니지. 단지 그것에 미쳐서 하다 보니 노벨상이 따라온 거지. 그래서 대한민국의 젊은이들 역시 'will be'에서 'should be'로 바뀌어야 한다고 생각해. '어떻게 될 것인가?'가 아니라 '이렇게 되어야 한다!'라고 생각하며 꿈을 가져야 한다는 거지.

## 문제를 지적하는 사람 vs. 문제를 해결하는 사람

이번엔 다른 이야기를 해 볼까? 회사에 갓 입사했을 때 이야기야. 좀 다녀 보니까 회사의 문제점들이 여기저기 눈에 띄는 거야. 한두 가지가 아니었지. 정말 이래서는 회사가 안 될 것 같았어. 조직이며 업무 시스템이며 선진 기업들과는 비교할 수 없을 만큼 답답하고 문제투성이였단 말이야. 그래서 늘 불만이었어. 나는 실장을 만날 때마다 애사심 넘치는 마음으로 회사의 문제점들에 대해 늘어놓곤 했지. 하지만 실장은 시큰둥했어. "정 그러면 소니에 들어가지 그랬어? 여긴 대우야, 대우." 이러는 거야.

그런데 하루는 외부 업체 한 곳을 방문하게 됐어. 중소기업인데 입구부터 천막으로 돼 있는 데다 전반적으로 굉장히 허름

한 업체였지. 유리창 어딘가에 누런 종이가 한 장 붙어 있었는데 딱 봐도 몇 년 된 것 같았어. 그런데 거기에 적힌 한 문장이 그만 내 뒤통수를 때렸지 뭐야.

"사원은 문제를 발견한다. 그러나 관리자는 문제를 해결한다."

나는 충격을 받았어. 문득 이런 생각이 들더군. '회사에서는 우리가 소니보다 부족한 것을 한탄하고 회사에 불만을 가지라고 월급을 주는 것이 아니라 소니처럼 우수한 기업을 만들라고 월급을 주는 거구나' 하고 말이야.

사실 지적은 누구나 할 수 있어. 하지만 조직을, 회사를 이끌어 가는 사람들은 결국 문제를 해결하는 선구자들이야. 이건 비단 회사만의 문제가 아니야. 개인의 삶에서부터 세상의 굵직굵직한 문제들에 이르기까지 모두 아우르는 이야기야. 뜨거운 가슴을 지닌 젊은이들은 너도나도 세상의 온갖 문제들에 대해 날선 비판을 토해 내지만, 그런다고 세상이 바뀌지는 않아. 그 와중에 누군가는 차가운 이성을 갖고 천천히, 그리고 지치지 않는 걸음으로 문제들을 하나하나 해결해 나가지. 세상은 그런 사람들에 의해서 변화하는 거야. 그렇다면 문제를 해결하고 진정한 변화를 이끌어 내는 사람들은 뭐가 다를까? 결국 같은 이야기야. 그 일이 자기를 미치게 만들기 때문이지. 그 사람은 자기를 미치게 하는 것을 만났고, 그래서 말로만 떠드는 게 아니라 진심으로 더 나은 결과를 찾아 가는 거야.

그럼 어떻게 해야 '나를 미치게 하는 것'을 만날 수 있을까요?

그건 나도 몰라. 솔직히 나도 얻어걸린 거지 뭐. 만약에 한 번도 연애를 못 해 본 친구가 연애하는 방법에 대해서 묻는다면 어떻게 대답할 수 있을까? '만나 봐라', 이 말밖에 없잖아? 우선 자기 자신을 내던져야겠지. 만남의 가능성, 만남의 확률이 높아질 수 있게끔 말이야. 의도하거나 계획한다고 되는 건 아니야. 어쩌면 운명 같은 것일 수도 있지. 오죽하면 인생의 축복이라고 하겠어? 심지어 평생 3년짜리도 못 만나고 죽는 사람들도 많아. 내 말은 적당히 뭔가를 하면서 인생도 즐기고 다른 것도 하는 그런 게 아니라 모든 에너지를 쏟는 것, 나의 관심과 생각이 온전히 그쪽으로만 쏠리는 것을 뜻하는 거야.

## 목적과 희망 사이에서

대부분의 사람들은 조금이라도 더 컴포트 존에 머물기 위해 더 많은 스펙을 쌓으며 살고 있는 것 같습니다. 불안하니까요. 사실 그것을 깬다는 것, 교수님께서 말씀하신 것처럼 진정으로 새롭게 문제를 바라보고 제대로 원인을 인식하고 답을 찾기 위해 도전한다는 것은 너무 이상적이지 않나 싶습니다.

다들 무엇을 위해 그토록 열심히 살아갈까? 결국 삶의 목적 때문이잖아. 그런데 사람들은 목적과 희망을 자주 혼동하곤 해. 예를 들어 볼까? A는 늘 돈이 좀 여유로웠으면 좋겠다고 생각하고, B는 3년 안에 684만 원을 모은다는 계획을 세웠어. 매달 저금할 수 있는 돈과 이자 등등 꼼꼼하게 따져서 나온 금액이야. 아무튼 둘 다 돈을 벌고 저축해야 할 필요를 느끼겠지. 그런데 여름에 친한 친구가 여행을 가자는 거야. 예전부터 꼭 가 보고 싶었던 곳이지. A와 B의 반응은 어땠을까? A는 잠시 망설였어. 갈 수도 있고 안 갈 수도 있는 상황이지. 하지만 B는 그 자리에서 안 간다고 말했어. 왜냐하면 여행을 떠났다간 계획이 틀어질 수 있는 상황이었거든. 바로 이거야. 목적은 구체적인 행동을 유발하지. A는 막연히 돈이 많았으면 하는 희망을 갖고 있지만, B는 구체적인 계획을 갖고 있잖아. 그래서 행동도 단호해질 수 있는 거야. 목적이 행동을 결정하기 때문에.

《대학大學》에 이런 말이 있어. 목적이 분명해야 갈 방향이 결정되고, 갈 방향이 결정돼야 갈 방법이 생각난다고. 목표가 분명해야 방법이 생기고, 방법이 분명해야 고요해지고, 고요해진 후에야 얻을 수 있다고 했어.

많은 젊은이들이 아직 원하는 것을 얻지 못하는 까닭이 뭘까? 불안하기 때문일 거야. 왜 불안할까? 방법을 모르기 때문이지. 왜 방법을 모를까? 방향을 모르니까. 그럼 왜 방향을 모르지? 목적지가 없기 때문이야. 그래서 계속 망설이고 방황하는 거야. 뭘 해야 하는지 목적이 분명하지 않기 때문에.

솔직히 저도 스스로에 대한 믿음이 많이 약해진 것 같습니다. 때로는 그냥 밖으로 나가 아무 생각 없이 놀거나 하던 일을 멈추고 제가 처한 상황을 제3자처럼 객관적으로 바라보고 싶을 때도 있습니다.

좋은 생각이야. 이왕 놀기로 했다면 미친 듯이 놀면 돼. 대충 노는 게 아니라 미친 듯이 놀아야 해. 사람이 1년 365일 쉬지 않고 달릴 수는 없잖아. 때론 멈추기도 하고, 헤매기도 하는 거야. 정체기나 슬럼프를 쓸모없는 시간이라고 생각하면 오산이야. 내가 정말 열심히 쉬었다, 그래서 충분히 에너지를 비축했다고 하면 헤맨 시간, 갈등한 시간, 쉬고 놀았던 시간이 결국 또 다른 도약을 위한 디딤판이 되어 주지 않겠어?

## 연구실을 나서며

교수님과 대화를 나누고 난 뒤에는 교수님이 누구보다도 이상을 좇는 분이었다는 걸 느꼈다.

'이상적'이라는 것은 입안을 맴도는 단어로만 끝나는 것일까? '이상'은 무엇인가에 미친 자들에겐 현실과 유리된 어떤 것이 아니다.

세상에는 우리가 미칠 만한 것이 정말 많다. 미치게 아름다운 음악, 미치게 아름다운 예술, 미치게 아름다운 물건, 미치게 향기로운 냄새, 미치게 멋진 공연과 강연. 그러나 그중 어느 하나 완전히 나를 미치게 하는 것은 없다. 어쩌면 가장 미치도록 미쳐야 하는 것은 오로지 나 자신에게서만 탄생하는 게 아닐까. 그 전까진 평범했던 무엇인가가 내가 미치고 나면 미치도록 아름다워지니 말이다. 그래서 우리는 결국 미치고 싶은 것을 미치도록 찾게 되고, 만나게 되길 기대하는 것이다. 이상은 미친 자들에게만큼은 먼 이상이 아니다. 또 다른 현실의 이름이다.

## 서울대학교 정문을 나서며

나는 그동안 정문을 통해 등교하여 여러 강의실을 돌며 하루를 보낸 후 다시 정문을 통해 집으로 돌아가는 날들을 수없이 반복해 왔다. 그러다 졸업을 앞둔 요즘, 이렇게 매일 정문을 지나칠 날이 얼마 남지 않았다는 사실이 새삼스레 다가왔다.

정문은 '국립 서울 대학교'에서 'ㄱ', 'ㅅ', 'ㄷ'을 따와 이를 '샤' 모양으로 합친 형상이다. 많은 사람들이 '서울대학교'라는 말을 들으면 정문의 모양을 먼저 떠올릴 정도로 서울대학교 정문은 학교의 대표적인 상징으로 유명하다.

돌이켜 보면 학교를 졸업한 수많은 사람들이 이 정문을 통해 세상 밖으로 나아가 학계, 정계, 재계에서 높은 업적을 남겼고, 사회의 중요한 역할을 수행하는 자리에 진출했다. 그러나 그 활약 못지않게 많은 문제를 일으켰고, 근본적인 해결책을 찾을 새도 없이 다시 앞으로만 질주하며 그 골은 깊어져 갔다.

'왜 이런 일들이 끊임없이 일어나는 걸까?'

나 역시 이곳을 통과해야 하는 한 사람으로서 자문할 수밖에 없었다. 그리고 다시 한 번 생각해 보았다. '많은 사람들이 이 정문 밖 세상으로 힘차게 걸어 나가지만, 뭔가 중요한 것을 깜빡 잊은 채 나서는 것은 아닐까?' 하고 말이다.

이렇게 끊임없이 자문하고 생각하던 중 나는 '(나만) 잘 살고 싶다'는 마음 때문에 문제들이 생기는 것은 아닌지, 지금 우리에게는 '곁에 있는 사람의 손을 잡아주는 것', 그리고 '함께 걸어 나가는 것'이 필요한 건 아닌지 생각해 봤다. 이 세상 속에서 '나 혼자'가 아닌 '여럿이 함께 공존함'을 느끼며 나아갈 때 우리는 지금보다 더 나은 세상을 만들어 갈 수 있지 않을까? 서울대학교는 그동안 함께하는 가치에 대해 소홀해 왔다. '우리나라를 대표하는 국립대학교'라는 수식이 무색하게 사회에서 받은 수혜를 나누기보다 경쟁의 선두에 서는 데 익숙했다. 이제라도 우리는 그동안 간과했던 가치들에 대해 성찰해야만 한다.

서울대학교 졸업생들뿐만 아니라 서울대학교의 정문을 바라보는 모든 이들이 'ㄱ', 'ㅅ', 'ㄷ'의 약자를 '감사', '사랑', '독려'의 약자로 생각할 수 있다면, 지금보다 더 멋진 미래를 만들 수 있을 것이다. 그리고 이것이 서울대학교 속에 소울대학교가 존재하는 진짜 이유일 것이다.

VERITAS LUX MEA진리의 빛이여 나에게로,
VERITAS LUX TUA진리의 빛이여 당신에게로!

〈진짜 마지막 이야기〉
인공지성시대, 고등교육의 길

공과대학 재료공학부
**강태진 명예교수**

강태진 교수는 서울대학교 공과대학 명예교수이며, 첨단복합소재 분야를 전공하고 있다. 복합재료학회 회장, 한국섬유공학회 회장, 지능형텍스타일시스템연구센터장, 패션신소재연구센터장 등을 역임하며 섬유복합소재 분야의 학문과 기술 발전에 기여해 왔다. 또 국가과학기술위원회 위원, 한국공과대학장협의회 회장, 한국연구재단 설립위원장, 서울대학교 공과대학 학장 등을 역임하며 과학의 사회적 역할을 높이는 데 기여해 왔다. 2015년에는 독일 아헨 대학에서 세계적인 학자에게 주는 '카르만펠로십'을 수상했다. 《코리아 4.0, 지금이다》(2016), 《패션, 공학을 입다》(2016), 《코리아 아젠다》(공저, 2018) 등을 쓰며 사회의 발전을 위한 각종 조언과 대안을 제시하고 있다.

## 지나온 길

되돌아보면 저는 일관되게 '과학적 낙관론자'로서 인생길을 걸어왔습니다. 생각의 눈을 뜨고, 과학에 마음을 빼앗겼던 어린 시절부터 그랬던 것 같습니다. 과학 지식을 익히며 과학에 설득될수록 자연스레 과학의 시선으로 세상을 읽고, 미래를 내다보는 데 친숙해졌습니다. 그럴 수밖에 없었습니다. 인류사에서 우리 세대만큼 과학이 비약적으로 발달한 적은 없었기 때문입니다. 때를 맞춰 태어나 격변과 풍요의 시대를 동시에 경험하며 과학의 세례를 받은 첫 세대, 과학을 선도한 주역으로 살아왔습니다.

저는 시절의 운을 잘 타고났습니다. 저의 청소년기는 성장과 번영이라는 국가적 과업을 짊어질 이공계 인재가 절실히 필요한 시대였습니다. 전깃불로 어둠을 밝히고는 있었지만, 가전제품이 귀한 대접을 받고 자동차와 비행기가 한창 성장하고 있던 소년기에 과학은 제 호기심을 자극했습니다. 오산 비행장에서 삼엄한 냉전의 경계를 뚫고 흔적도 없이 국경을 넘나드는 정찰기 SR71 BlackBird를 보았을 때, 심장이 뛰던 그 순간은 아직도 기억에 생생합니다. 그로부터 과학을 향한 관심은 막무가내로 자랐고, 과학에 사로잡힐수록 질서정연한 원리와 논리가 세상의 모든 것을 설명해 준다는 사실에 매혹되었습니다.

이후 30여 년을 관악에서 보냈는데 이는 거의 평생이라고 말할 수 있습니다. 그 세월은 제가 배움과 연구와 가르침을 통해 학문과 지성을 벼리고 펼쳐 온 시간이었습니다. 처음 강단에 선 후 지금까지 고수해 온 일관된 가르침은 과학적 감수성을 잃지 말아야 한다는 것이었습니다. 세상 사람들은 냉철한 이성과 논리로 이루어진 과학을 차갑다고 말하곤 합니다. 저는 이 말에 동의하지 않습니다. 순수한 호기심과 상상력이 없이는 과학의 세계에 발을 담그거나 기웃댈 수 없습니다. 또 관찰에 매달리는 뜨거운 열정과 인내 없이는 과학이 존재하지 않았을 것입니다.

훌륭한 동료들과의 친분이나 교류는 제게 끊임없는 영감과 깨달음을 주었습니다. 무엇보다 학자로서 교육 현장에서 우수한 인재를 가르치는 일을 생의 본분이자 즐거움으로 삼아, 학문적 배움과 가르침에는 엄격하려 했고 제자와 후배에게 애정과 사랑으로 삶과 학문의 진로를 이끌어 주는 데 헌신했습니다. 그들은 나의 지적 분신입니다. 그들과 더불어 이미 축적된 학문적 성과를 바탕으로 배우고 가르치고 발견하며 미래를 열어 갔습니다.

## 전환시대, 새로운 길

저는 서울대학교에서 학창 시절을 보냈고, 이후 연구자로서, 선생으로서 32년간 일하면서 대학의 근본적인 철학과 역할에 대해 많은 생각을 하게 되었습니다. 학생일 때나 선생일 때나 늘 제 머릿속을 맴돈 생각은 우리의 문제는 미래의 모습을 설정하지 않은 채 너무 빠르게 변한다는 것이었습니다. 그럴 수밖에 없었는지 모릅니다. 압축 성장을 통해 경제 기적을 이루었지만 동시에 양극화라는 새로운 문제를 떠안아야 했습니다. 저는 쉼 없이 밀려드는 사회 갈등의 파고를 뛰어넘어 현재를 돌파하면서도 미래를 확보할 전략은 없는 것일까, 불확실한 세계의 흐름을 파악해 사회를 새롭게 디자인하고 적극적으로 다가서는 실천적 행동은 없는 것일까 고민했습니다.

이 시대가 대한민국에 던지는 화두는 무겁고 절박합니다. 우리 젊은이들의 취업난은 우수하고 영민한 학생들을 주위나 가족과의 관계에 소홀하게 하고, 글로벌 기업이나 우수한 공기업, 혹은 공직 입문에만 몰두하게 만듭니다. 이 시대에 필요한 도전 정신은 사라지고, 안전성만 추구하다 보니 청년 구직자의 절반 가까이가 '공시족'이 되었습니다. 4차 산업혁명 시대는 성실한 근로자가 아닌 창의적 인재를 필요로 하는데도 다양성과 인성이 결여된 경직된 실력주의자만 양성하고 있습니다. 청년들에게 일자리를 만들어 주고, 정의롭고 공정한 사회를 구현하며, 사회 통합과 공동체 정신을 되찾는 일이 시급합니다.

21세기에 접어들어 과학기술의 급격한 진보는 산업 전반과 인류의 일상생활을 크게 변모시키며 스마트 환경의 '인공지성 사회5.0 사회'를 열었습니다. 인공지성사회는 스마트한 사회로, 우리의 일상생활이나 경제활동을 언제, 어느 곳, 어떤 환경에서든 지원받을 수 있고 영위할 수 있는 환경 지능Ambient Intelligence의 시대입니다. 일본도 경제성장과 사회문제 해결을 동시에 추구하는 인공지성사회의 비전으로 '초 스마트 사회Super-Smart Society'를 제시하고 있습니다. 문제는 인공지성사회에서는 예측이 불가능할 정도의 혁신이 빠르게 일어나 이 파급에 의한 변화에 미리 대응할 수 없다는 점입니다. 인공지성사회의 인재는 지식을 많이 보유하기보다는 이런 사회 변화에 맞추어 새로운 이슈를 찾아내고, 문제를 해결하는 능력을 키우며, 부족한 지식을 때맞춰 학습하고, 지속적으로 혁신하는 능력이 있어야 합니다.

또 4차 산업혁명의 결과로 소수의 창의적 전문가가 플랫폼을 지배하고, 절대다수 시민이 플랫폼을 매개로 한 불안정한 직업인이 될 수 있습니다. 따라서 플랫폼을 만들어 낼 수 있는 고도의 전문성과 창의성을 갖추어야 하며, 만들어진 플랫폼에서 자신의 전문 분야를 구현하는 절대다수 구성원과의 융합과 협업C&D 능력이 필요합니다.

4차 산업혁명 시대를 준비하고 예비하지 않으면 '꿈꾸는 미래'는 오지 않습니다. 이 미래를 준비하는 데 필요한 것이 고등교육의 혁신입니다. 이 혁신의 최우선 과제는 스마트 사회를 이끌어 갈 '미래 인재'의 육성입니다. 내가 속하지 않은 알 수 없는 그룹의 다양한 지식과 기술을 융합해 복잡다단한 문제를 해결할 수 있어야 합니다. 한편으로는 '나 홀로 기업'이 번창하는 시대이기에 스스로 학습하여 자신의 역량을 꾸준히 키워야 하며, 끊임없이 재학습하여 빠르게 변화하는 디지털 시대에 적응해야 합니다. 첨단기술의 발전과 이것의 실용화는 우리가 한 번도 경험한 적 없는 문제를 야기할 것입니다. 따라서 이과와 문과, 인문학과 수리과학, 이성과 감성과 같은 식의 이분법적 구분이 아닌 통합적이고 전인적인 교육이 절실히 요구됩니다.

1990년대 이후 우리나라의 경제 성장률이 하락한 주된 원인 중 하나는 모방형 인적 자본에 그친 인재 양성의 영향이 큽니다. 즉, 지난 20여 년간 경제성장이 정체된 원인은 인적 자본에 있다는 이야기입니다. 성실한 근로자, 사회 모범생은 넘쳐나지만 정작 다가올 미래를 책임질 창의적 혁신가는 부족합니다. 전 산업 분야에서 프론티어 정신을 앞세운 '창의인재'를 제대로 키워 내지 못해서입니다. 이제 우리 교육은 세상에 존재하지 않는 것을 생각하고 만들어 낼 수 있는 창조형 인재가 창의적 기술을 통한 혁신기업을 만들어 새로운 일자리와 부가가치를 창출할 수 있게 해야 합니다.

## 미래형 인재 양성을 위한 대학 교육 혁신

오늘날의 대학은 글로벌 지식경제 시대에 걸맞게 지식과 정보를 효율적으로 생산·전파하는 기능적 허브로 바뀌어 가고 있습니다. 온라인 공개강좌MOOC의 확산으로 Coursera나 edX, Udacity 같은 온라인 교육이 일반화되어 일반 지식이나 정보 같은 콘텐츠뿐만 아니라 대학 교육과정과 직업교육의 많은 부분도 온라인에서 가능해졌습니다. 불과 얼마 전까지만 해도 대학 강단에서나 들을 수 있었던 세계 유명 교수의 명강의를 온라인에서 들을 수 있게 된 것입니다. 또 YouTube, TED 등에서 제공되는 콘텐츠를 온 세계에서 실시간으로 접하고 배울 수 있게 되었습니다. 그리고 이렇게 온라인 시스템을 활용한 교육은 학생과 사회 구성원 전체를 교육하고 그것을 통해 국가의 국제경쟁력을 높여 가고 있습니다. 이런 면에서 비싼 등록금을 내면서 정해진 시간에 강의에 참석해야 하는 절차가 불편하게 느껴질지도 모릅니다.

대학은 본래 고전적 교육 이념인 비판 정신, 자유, 자율을 바탕으로 진리를 탐구하는 곳입니다. 그리고 그러한 이념 아래 학생을 교육하여 국가와 사회가 필요로 하는 인재를 양성하는 곳입니다. 진리 탐구는 이성적 판단력을 강화하고, 사회 비판을 통한 정의 구현으로 이어집니다. 그러나 오늘날 실용주의적 대학 교육이 유용성을 강조하다 보니 진리 탐구나 사회 비판을 통한 정의 구현의 고전적 교육 이념이 약화되고, 학술 가치 외에 경제가치 창출에 더 많은 의미를 부여하게 되었습니다. 지성을 통한 진리 추구와 시민정신의 함양, 구성원으로서의 자질을 추구해야 할 대학 교육이 직업교육으로 많이 변질된 것입니다.

또 대학은 캠퍼스에서 동료, 선후배, 스승과 함께 생활하며 소통하는 법을 익히고, 동료를 반면교사反面教師로 삼아 여러 상황에서 지켜야 할 규칙이나 지혜를 터득하는 곳입니다. 학창 시절 캠퍼스에서 사계절을 보내며 일궈 낸 꿈은 일생 동안 가슴에 남아 설렘을 주기도 하고, 난관을 극복하는 힘이 되기도 하며, 민주시민이 되는 교육으로 이어지기도 합니다. 시대가 변화해도 이러한 대학의 본질을 잊어서는 안 됩니다.

우리가 이 시대를 어떻게 준비하느냐에 따라 미래는 재앙으로 다가올 수도 있고, 중요한 기회로 작동할 수도 있습니다. 첨단과학기술로 촉발되고 있는 대전환의 시기에 우리에게는 18세기 유럽에서의 계몽주의운동에 버금가는 교육의 대혁신이 필요합니다. 미래의 교육은 지금의 학문 체계를 다시 한 번 요동치게 만들 것입니다. 미래는 새로운 분야를 다루는 분과학문을 개설하는 것에 머물지 않고, 학문 간의 경계를 무너뜨리고 새로운 방식으로 재편해 나갈 것입니다. 그리고 이를 감당할 창조적 혁신가를 키워야 하는 교육의 숙제가 우리 앞에 놓여 있습니다.

우리 청년들은 자신이 처한 현실을 수긍하는 '마음의 존재'에 대한 열망이 있어 자기애가 강하고 '바디-마인드-소울'의 균형 잡힌 삶을 추구합니다. 그러나 삶은 순간마다 축복과 고난이 교차합니다. 꿈은 도전과 노력 없이 이뤄지지 않습니다. 청년실업의 험한 골짜기를 벗어나려면 듣기 좋은 소리만 들으려 하지 말아야 하고, 가 보지 않은 길을 걸어야 합니다. 벽을 허무는 순간을 즐길 때 꿈은 파도가 바다를 잇듯 확장됩니다. 세종은 집현전의 젊은 학자들에게 언제나 "어려운 일에 정면으로 맞서며 날마다 즐기라 生生之樂"고 강조했습니다. '헬조선'과 '금수저'의 자조에서 벗어나야 구경꾼에서 진정한 주인공으로, 역동적이고 탁월한 리더로 거듭날 수 있는 기회가 주어집니다.

사회는 취업 준비생들이 일자리를 찾기 위해 밤낮없이 스펙을 쌓고 또 쌓아야 했던 '호모 스펙타쿠스Homo-Spectacus'의 절망을 씻어 주기 위해 무엇보다 공정성과 투명성이 보장된 사회를 만들어 주어야 합니다. 《이코노미스트The Economist》에 따르면 선진국 국민의 평균연령이 증가하고 있으나 지도층의 연령대는 낮아지고 있다고 합니다. 인구 코호트cohort의 중심축이 아래로 이동하는 것입니다. 따라서 청년층에 더 많이 투자하고 앞으로 펼쳐질 이들의 활약에 기대를 걸어야 합니다. 과거를 반성하고 무한한 기회가 있는 새로운 질서를 찾아 희망적 뉴 노멀New Normal, 시대 변화에 따른 새로운 기준이 지배하는 미래를 창조해 나가도록 이끌어야 한다는 것입니다. 이를 위해서는 정치권과 사회 지도층에서 청년들이 꿈과 희망을 잃지 않도록 더 많은 관심을 가지고, 이들이 더 자유롭게 활동하는 데 필요한 스타트업 플랫폼 같은 시스템을 하루빨리 갖추도록 노력해야 합니다.

서울대학교는 무수히 많은 선배 교수님과 동문들의 노력으로 한국 사회 지식공동체의 핵심이자 세계 학계에서 한국을 대표하는 영예로운 대학으로 굳건히 자리 잡았고, 한국 사회의 두뇌와 심장 역할을 해 왔다고 할 수 있습니다. 그러나 여기에 안주할 수는 없습니다. 우리 사회와 이 시대는 한국의 대학 교육 현장에 더 많은 것을 요구하고 있습니다. 따라서 우리 모두에게 다음의 세 가지를 강조하고자 합니다.

우선, 과감한 변화를 이끌어 내서 한국의 대학들이 선도적 리더십을 발휘하여 고등교육의 공공성을 확립하고 국가의 미래 가치를 창출하는 데 기여해야 합니다. 그래서 세계를 선도하는 창의적 지식공동체, 글로벌 중심대학으로 비상해야 합니다. 한국의 고등교육이 세계가 주목하고 국가와 민족이 바라는 모습으로 크게 비상할 수 있도록 혼신의 힘으로 노력해 주십시오.

둘째, 우리 학생들이 글로벌 인재로서 잠재력을 최대한 발휘하여 꿈과 희망을 성취할 수 있도록, 높은 수준의 도덕성과 책임감으로 인류를 위해 봉사할 수 있도록 해야 합니다. 시류에 쉽게 흔들리거나 포기하지 않고 굳건한 의지를 가진 정의롭고 강인한 인재, 자신의 행복을 넘어 많은 사람의 삶과 사회를 풍요롭게 만들 수 있는 선한 인재로 키워 내야 합니다.

마지막으로, 서울대학교는 세계에서도 보기 드문, 학문의 전 분야를 보유한, 진정한 종합대학입니다. 우수한 개별 분야들이 연계와 소통을 통해 종합대학으로서의 강점을 살리면 국가의 미래 가치를 창출하는 데 크게 기여할 수 있습니다. 서울대학교가 축적해 온 창의적 역량과 재능은 서울대학교만의 것이 아닙니다. 대학의 지식과 재능을 지역, 국가, 인류와 나누고, 공유가치를 창출하여 우리의 역량도 함께 강화해 나가야 합니다. 동문이 사랑하는 대학, 국가가 필요로 하는 대학, 세계가 인정하는 대학, 이런 대학교를 구성원 모두가 함께 만들어 나가야 합니다.

배움과 가르침은 먼 길을 걷는 것입니다. 중요한 것은 교육의 본질과 수단을 엇바꾸며 기본을 간과해서는 안 된다는 점입니다. 사회가 복잡다단해지면서 중심 가치가 무너지고, 온갖 문제에 대한 상충되는 해법이 제시되어 더욱 혼란스러워지고 있습니다. '충어근본忠於根本', 즉, 기본에 충실해야 한다는 고사성어가 있습니다. 지금이 바로 기본이 무엇인지를 진지하게 고민해야 할 때입니다.

"군자의 즐거움 가운데 천하의 영재를 얻어 가르치는 즐거움이 으뜸"이라는 맹자의 말대로 저는 관악에서 가르치는 즐거움을 30여 년 동안 누렸습니다. 우수한 청년을 품 안으로 모아들여 과학이라는 원대한 학문의 세계로 안내하고, '청출어람이청어람靑出於藍而靑於藍'이라는 말을 품고, 함께 길을 닦는 스승의 길을 생의 본분으로 삼아 왔습니다. 더 바랄 게 무엇이 있겠습니까!

고개를 들어 돌아보니 관악의 겨울이 고요합니다. 낯익은 관악의 곳곳에 남아 있는 잔설이 침묵으로 화답합니다. 관악은 부족한 나를 안아 엄하게 키워 주었고 나의 재주와 열정, 탐구심을 쏟아 젊은 관악인을 키우도록 그 품을 열어 주었습니다. 내 삶에 풍성한 열매가 맺도록 아낌없이 베풀어 주었습니다. 그 관악의 겨울 끝자락을 멀리 바라보며 내 일생 동안 관악에서 받은 모든 것을 더 큰 미래로 이어 주고자 남은 길을 의연히 가겠습니다.